Signalreiten

Signalreiten

Reiter und Pferd in Harmonie

von Angelika Schmelzer
und Judith Kern

CADMOS
PFERDEBÜCHER

Gestaltung: Ravenstein & Partner, Verden
Fotos: Angelika Schmelzer
Druck: Westermann, Zwickau

Printed in Germany

ISBN 3-86127-537-4

Inhalt

Einleitung

Alle Reitweisen haben ihren Ursprung in der individuellen Kultur einer Zivilisation und entwickelten sich entsprechend der ganz persönlichen Bedürfnisse ihrer reitenden Menschen. Nicht zuletzt deshalb ist der Ausdruck „Reitkultur" vielleicht zutreffender als „Reitstil" oder „Reitweise".

Reitweisen sind Produkte einer bestimmten Zeit, Ausdruck der Individualität einer Zivilisation, wurden geprägt durch jene Faktoren, die auch andere Aspekte einer Kultur kennzeichnen. Da verwundert es nicht, dass sich alle uns bekannten Reitstile teilweise erheblich voneinander unterscheiden, sei es bezüglich der eingesetzten Ausrüstungsgegenstände, der bevorzugten Pferderassen oder der Art und Weise, wie Pferd und Reiter miteinander kommunizieren, welchem Zweck die gemeinsame Arbeit dient.

Der Wunsch nach Harmonie aber eint alle Reiter und Pferdefreunde, mögen sie ihrem Sport auch auf ganz unterschiedliche Weise nachgehen, verschiedene Schwerpunkte setzen, variablen Zielen zustreben. Auf die Frage, wie diese Harmonie bei der täglichen Arbeit des Pferdes unterm Sattel konkret herzustellen sei, haben die verschiedenen Reitweisen allerdings ganz unterschiedliche Antworten.

Die Welt von Pferd und Reiter ist heute so bunt und vielfältig, weil wir im Laufe der letzten Jahrzehnte die Reitkulturen anderer Länder erfolgreich importiert und auch weiter entwickelt haben. Heute gehen viele Pferdefreunde ihrem Hobby auf eine Weise nach, die den Wunsch nach einem für beide Seiten ebenso effektiven wie wenig belastenden Reitstil aufkommen lässt. Hinzu kommt, dass insbesondere

Bunt und vielfältig ist heute die Welt von Pferd und Reiter.

der zweibeinige und vierbeinige Nachwuchs so angelernt werden soll, dass sich auch langfristig die für feines Reiten notwendige Sensibilität auf beiden Seiten des Sattels erhält. Das Signalreiten bietet sich für alle an, die Pferdefreunde im besten Sinne des Wortes sind: Für Freizeitreiter, die ihre freie Zeit in Partnerschaft mit ihren vierbeinigen Freunden verbringen, die Wert auf eine artgerechte und niveauvolle Ausbildung ihrer Pferde und Ponys legen und die jedes weiterführende Training auf einer soliden Basis aufbauen möchten. Für Reitlehrer, die ihren Reitschülern keine „Gebrauchsanweisung Pferd", sondern das Hinfühlen und Hinhorchen vermitteln möchten. Für Ausbilder, deren oberste Priorität nicht darin besteht, junge Pferde nach drei Monaten im scheinbar perfekten Seitenbild präsentieren zu können, sondern die in ihnen Freude an der gemeinsamen Arbeit wecken möchten.

1 Signalreiten – was ist das?

Reiten - so oder so

Wenn ein Reiter sich auf sein Pferd setzt und reitet, kann er dies auf zwei grundsätzlich verschiedene Weisen tun: Er kann *das Pferd* arbeiten oder *mit dem Pferd* arbeiten. Wer sein Pferd arbeitet, mag ganz unterschiedliche Ziele anstreben, sich verschiedener Mittel bedienen oder aus der ganzen Bandbreite der Möglichkeiten die eine oder

Reiten, um zu reiten – hier wird primär das Pferd gearbeitet.

Das Westernreiten war ursprünglich eine der Reitweisen, bei denen das Pferd Arbeitskollege des Reiters ist.

andere Trainingsmethode bevorzugen, bei genauerem Hinsehen aber weisen alle diese Reitstile ein gemeinsames Merkmal auf: Es wird kein über das Reiten hinausgehender Zweck verfolgt. Anhänger des Dressursports, des Vielseitigkeitssports, der barocken Reitkunst oder der modernen Form des Westernreitens arbeiten ihre Pferde, um sie zu fördern, um in der jeweiligen Sparte des Reitsports erfolgreich zu sein, wobei der Erfolg nicht notwendigerweise alleine auf Turnierehren beschränkt ist. Die Ziele und Inhalte des gemeinsam mit dem Pferd betriebenen Sports mögen unterschiedlich sein, immer aber wird geritten, um zu reiten.

Anders die zweite Gruppe der Reiter, diejenigen, die gemeinsam mit ihrem Pferd arbeiten. Dazu gehören die Cowboys der USA, die Guardians Frankreichs, die Vaqueros Spaniens, ihre Kollegen aus Südamerika, die Gauchos, oder die Butteri Italiens. Wer beruflich Rinder hütet, tut dies offensichtlich am liebsten in Partnerschaft mit Pferden, die speziell für diese Aufgabe gezüchtet und ausgebildet werden. Doch beschränkt sich die Eignung des Pferdes als Arbeitskollege nicht auf die Rinderarbeit, vielmehr finden wir zahlreiche, ganz unterschiedliche Berufe, in denen Pferde eingesetzt werden. Therapiepferde unterstützen in der Hippotherapie ausgebildete Krankengymnasten bei der Behandlung kranker und behinderter Menschen, andere vermitteln im Rahmen des heilpädagogischen Reitens und Voltigierens seelisch beeinträchtigten Kindern und Jugendlichen wichtige Erfahrungen. Waldarbeiter und Rückepferde arbeiten in der ökologisch orientierten Forstwirtschaft Hand in Huf, Trailpferde schaukeln naturverbundene Tou-

Wer sein Pferd permanent an die Hilfen stellt, hat keine Zeit zum Rinderhüten.

risten durch empfindliche Ökosysteme, kurz: Arbeitspferde können auf ganz verschiedene Weise eingesetzt werden und erfüllen eine wichtige Aufgabe, wo und wie auch immer sie gebraucht werden. Sie werden geritten, um einen Zweck zu erfüllen.

Arbeitskollege Pferd

Überall dort, wo Menschen und Pferde zusammen arbeiteten, entwickelten sich im Laufe der Zeit Reitstile, die einige wichtige Gemeinsamkeiten aufweisen. Diese Reitweisen, die wir unter den Begriffen Arbeitsreitweisen oder Gebrauchsreiterei zusammenfassen, zeichnen entscheidende Übereinstimmungen aus: Das Pferd wird zum kooperativen Partner erzogen, der seine Befehle in Form von kurzen, eindeutigen Signalen erhält. Der Reiter bildet sein Pferd so aus, dass es diese Signale selbständig befolgt und die Kommandos so lange umsetzt, bis es neue Anweisungen erhält. Das Pferd wird zum Arbeitskollegen, der eigene Aufgaben bewältigt, der seine Eigenschaften wie Ausdauer, Geschwindigkeit, Cowsense in die Arbeit einbringt. Mal arbeiten Mensch und Pferd Hand in Hand, mal übernimmt der Vierbeiner kleine Aufgaben völlig selbständig. Nie aber wird das Pferd permanent in dem Sinne an den Hilfen stehend geritten, wie wir dies beim Dressurreiten, Springreiten oder anderen in erster Linie das Pferd arbeitenden reitsportlichen Disziplinen beobachten.

Signalreiten: die leichte Art zu reiten

Müsste ein Cowboy, der oft von Sonnenaufgang bis Sonnenuntergang im Sattel sitzt und schwerste körperliche Arbeit verrichtet, auch noch sein Pferd ständig treiben, Anlehnung herstellen, Aufrichtung und Beizäumung korrigieren, könnte er sich kaum noch auf seine eigentlichen Arbeiten konzentrieren. Es ist auch schlicht nicht möglich, beim Schafabtrieb in der isländischen Wildnis sein Pony im engeren Sinne ständig an den Hilfen zu halten - dies wäre für Reiter und Pferd nicht nur einfach zu anstrengend, sondern auch kontraproduktiv, da damit die eigentliche Aufgabe in den Hintergrund gedrängt würde.

Bei der Gebrauchsreiterei kommt es also vor allem darauf an, dass Mensch und Pferd möglichst gut als Team arbeiten und dass dies mit einem Minimum an Anstrengung und einem Maximum an Bequemlichkeit und Sicherheit auf beiden Seiten möglich ist. So kommt es, dass alle Arbeitsreitweisen großen Wert auf die mühelose Verständigung zwischen Reiter und Pferd, eine möglichst große Selbständigkeit des Partners Pferd und auf weitestgehende Schonung beider legen.

Diese Haltung nimmt sich das Signalreiten zum Vorbild. Seine grundlegenden Merkmale sind: aus kurzen und eindeutigen Signalen bestehende Hilfen, ein entlastender Sitz, eine eher passive Haltung des Reiters und vor allem die zeitliche Trennung von treibenden und verhaltenden Hilfen. Das Signalreiten kann als gemeinsamer Nenner aller uns bekannten Arbeitsreitweisen bezeichnet werden, wobei es sowohl als eigenständige Reitweise als auch als Einstieg in die weitere Ausbildung von Reiter und Pferd praktiziert werden kann.

Halten wir fest:

Gebrauchsreitweisen haben sich entwickelt, wo Mensch und Pferd als Arbeitskollegen miteinander umgehen.
Das Signalreiten kann als gemeinsamer Nenner der Gebrauchsreitweisen betrachtet werden.

2 Warum Signalreiten?

Die grundlegenden Merkmale des Signalreitens lassen sich so zusammenfassen:

- Alle Hilfen haben den Charakter von kurzen, eindeutigen Signalen, die das Pferd zur sofortigen Durchführung bestimmter Anweisungen auffordern;
- werden diese Befehle wunschgemäß durchgeführt und gibt es keinen Anlass für weitere Anweisungen, verhält der Reiter sich passiv;
- es werden nie treibende und verhaltende Hilfen gleichzeitig gegeben;
- das Pferd wird bei der Suche nach dem Gleichgewicht unter dem Sattel zwar unterstützt, es findet seinen Weg in die Balance aber selbständig;
- Reiter und Pferd gehen mit großer Sensibilität miteinander um;
- kennzeichnend ist außerdem ein auf größtmögliche Entlastung des Pferdes zielender Sitz des Reiters.

Welche Einschränkungen das Signalreiten für Pferd und Reiter aber auch mit sich bringt, wird erst durch die Gegenüberstellung mit den typischen Merkmalen anderer, primär das Pferd arbeitenden Reitweisen klar:

- Eine komplexe Hilfengebung, passenderweise auch als „Konzert der Hilfen" bezeichnet, ermöglicht die Durchführung ebenso komplexer Bewegungsabläufe;
- der Reiter hält das Pferd unablässig an den Hilfen von Sitz, Schenkel und Zügel;
- das Zusammenspiel von treibenden und verhaltenden Hilfen beeinflusst die Selbsthaltung und das Gangwerk des Pferdes auf vielfältige Weise, sodass alle Abstufungen von maximaler Dehnung bis zur maximalen Versammlung aktiv erritten werden können;
- je nach Ziel des Trainings oder der einzelnen Lektion werden verschiedene Sitzvarianten gewählt, wobei eine möglichst effektive Umsetzung der Hilfen jeweils Grundlage der Wahl ist und der Sitz selbst auch der Übermittlung von Hilfen dient.

Erst kommt der Sitz, dann das Gefühl: Eine „Gebrauchsanweisung Pferd" dagegen wird dem Reitanfänger nicht gerecht.

Kompliziert, anspruchsvoll, auf den ersten Blick sogar widersprüchlich wird vor allem dem Reitanfänger, dem jungen Pferd das „Konzert der Hilfen" erscheinen. Es muss erst mühsam lernen, was etwa das Zusammenspiel von treibender und verhaltender Hilfe zu bedeuten hat, wie es im Einzelnen umzusetzen ist. Versammlung im klassischen Sinne beispielsweise lässt sich nur erreichen, indem der Reiter durch die geschickte Koordination seiner Hilfen eine elastische Spannung aufbaut. Vereinfacht gesagt wird dabei nur ein Teil der durch treibende Hilfen vermittelten Energie in Vorwärtsbewegung umgesetzt. Bewegungsenergie kann nämlich auch dazu dienen, das Pferd zu versammeln, also dynamisch zu verkürzen, mit mehr in die Höhe als nach vorne gerichteten Tritten gehen zu lassen. Nur durch eine sehr komplizierte Abstimmung von Hilfen ist es möglich, die Bewegungsimpulse je nach Aufgabenstellung in ganz verschiedene Kombinationen von Vorwärtsbewegung und Versammlung umzusetzen, die Energie quasi gleichzeitig in unterschiedliche Richtungen zu schicken. Wer sein Pferd im klassischen Sinne versammeln will, muss das Zusammenspiel von treibenden und versammelnden Hilfen also sowohl selbst erlernen als auch seinem Pferd vermitteln. Die grundsätzliche Problematik scheinbar widersprüchlicher Hilfen finden wir sinngemäß nicht nur bei den verschiedenen Spielarten der Dressur, sondern auch bei anderen reitsportlichen Disziplinen mit komplexer Aufgabenstellung.

Anspruch und Wirklichkeit

Auf jedem beliebigen Turnierplatz lässt sich aber ohne weiteres erkennen, dass zahlreiche Reiter und ihre Pferde dem hohen Anspruch, den diese Form der Hilfengebung an beide stellt, nicht gerecht werden können. Bis in die höchsten internationalen Klassen finden wir Dressurpferde, die mit weit herausgestellter Hinterhand hinter dem Zügel gehen, die mit schlagenden Schweifen, geöffneten Mäulern und zähneknirschend Zeugnis davon ablegen, dass selbst Weltklassereiter anscheinend nicht immer zwischen Verspannung und Versammlung unterscheiden können.

Auch in anderen Disziplinen, etwa in der Reining, der Dressurklasse des Westernreitens, lassen sich diese und andere sichtbare Folgen einer verfehlten Reitausbildung nachweisen. Mit den unsichtbaren Folgen einer Ausbildung, die sich oft zu sehr an optischen Merkmalen – etwa dem Seitenbild eines versammelten Pferdes – orientiert, befassen sich vor allem die Tierärzte.

Natürlich finden wir auch abseits der Turnierplätze zahlreiche Beispiele dafür, dass zwischen Theorie und Praxis, zwischen Anspruch und Wirklichkeit eine oft scheinbar unüberwindliche Lücke klafft. Der Fehler liegt dabei nicht in der Reitlehre selbst, sondern in deren Umsetzung. Es mag zahlreiche Gründe für diese Fehlentwicklungen geben, der logischste und augenfälligste ist jedoch mit Sicherheit in der Komplexität und der scheinbaren Widersprüchlichkeit der Hilfengebung zu suchen. So wird oft nur bruchstückhaft das umgesetzt, was den Kern der Reitlehre ausmacht: Wo die Hilfen des Reiters dem Energiefluss die Richtung vorgeben sollten, wird statt dessen vor-

Das überaus komplexe Zusammenspiel der Hilfen führt, wie hier, oft zu typischen Fehlentwicklungen.

Wer zu schnell zu viel verlangt, landet in der Sackgasse.

Anspruchsvolles Reiten muss nicht spektakulär aussehen, sondern überzeugt durch Harmonie

ne gezogen und hinten getrieben. Warum? Weil das theoretische Hintergrundwissen fehlt und anfangs fehlen muss; weil dem Schüler im Unterricht zwangsläufig eine stark vereinfachte „Gebrauchsanweisung" vermittelt wird; weil Reiter und Pferd zu Beginn allzusehr mit der Suche nach dem eigenen Gleichgewicht beschäftigt und dadurch mit komplexen Anweisungen überfordert sind; weil der Reiter sich einseitig an der Optik, dem Seitenbild des versammelten Pferdes orientiert und diesem Bild möglichst auf kurzem Wege nahekommen will, wobei scheinbare Abkürzungen unweigerlich in reiterliche Sackgassen führen.

Da macht es doch mehr Sinn, an den Beginn der Ausbildung statt einer vergröberten, stümperhaft ausgeführten Light-Version korrekten Reitens eine Basis zu stellen, die den Voraussetzungen und Bedürfnissen auf beiden Seiten des Sattels mehr entspricht: Das Signalreiten, einfacher in der Umsetzung, logischer im Aufbau, pferdefreundlicher in der Durchführung. Der Reiter ist weniger mit der Entschlüsselung komplizierter Anweisungen beschäftigt und kann mehr Energie darauf verwenden, zunächst seine Balance in der Bewegung zu finden und einen ebenso sicheren wie pferdeschonenden Sitz zu entwickeln. Das junge Pferd wird nicht durch die ihm unverständliche, scheinbare Widersprüchlichkeit von gleichzeitig gegebenen treibenden wie verhaltenden Hilfen überfordert und frustriert, denn es lernt vielmehr schnell, einfachen und im Sinne des Pferdes logischen Signalen Folge zu leisten. Es darf mit freiem Rücken sein Gleichgewicht unter dem Reiter suchen, wird entsprechend rasche Fortschritte machen und Freude an der Bewegung entwickeln. Doch auch erwachsene Pferde und ihre Reiter profitieren vom Signalreiten. Insbesondere saure, rückenkranke oder desensibilisierte Pferde laufen sich frei, entwickeln wieder Spaß an der gemeinsamen Arbeit und werden bald aufnahmefähiger für die zunehmend feineren Hilfen des Reiters. Anspruchsvolle Reiter und ihre Pferde schließlich können auf eine Weise miteinander arbeiten, die eine solide Basis legt und nach oben Raum für die weitere Entwicklung lässt.

Das Signalreiten hat also seinen Platz

- in der Jungpferdeausbildung,
- in der Grundausbildung des Reitanfängers,
- in der Korrektur von Pferden, die durch eine falsche Umsetzung der Reitlehre verdorben wurden und
- in vielen Bereichen des Breitensportes, sei es als ausgeübte Reitweise oder als Basis für eine weiterführende Ausbildung.

Ziel der Ausbildung ist immer das auf leiseste Hilfen sofort reagierende, selbständig mitarbeitende Pferd, das sich frei trägt und so schonend mit minimalem Einfluss des Reiters geritten werden kann. Insbesondere die Tatsache, dass beim Signalreiten das Pferd selbständig den Weg in ein neues Gleichgewicht unterm Sattel findet, legt eine solide Basis für jede weitere Ausbildung.

Signalreiten im Reitsport

Nicht für alle, aber doch für viele Einsatzgebiete eignet sich das Signalreiten als Grundausbildung engagierter Reiter und ihrer Pferde. Große Vorteile bringt das Signalreiten vor allem abseits der Turnierplätze: Wann immer längere Strecken bewältigt werden müssen, gerade in unbekanntem Gelände, ist eine pferdeschonende Reitweise ein absolutes Muss, ein selbständig agierendes Pferd eine wesentliche Voraussetzung für das Gelingen des Rittes. Für den Reiter bietet das Signalreiten ebenfalls erhebliche Vorteile, da er entspannter reiten kann und sein Pferd weitgehend selbständig vorwärts läuft. Durch die ungezwungene Kopfhaltung des Pferdes können Steigungen und Gefälle besser überwunden werden. Pferde, die Kopf und Hals frei bewegen dürfen, erschrecken seltener als solche, die in eine starre Haltung gezwängt werden. Nicht nur auf Wanderritten, sondern auch bei Wettkampfformen wie dem Distanzreiten und in einigen als alltagstaugliche Gelände- oder Geschicklichkeitsübung angelegten Dis-

Auf Streckenritten haben wohlerzogene Pferde und gefühlvolle Reiter die Nase vorn.

ziplinen, etwa TREC, Trailparcours oder Allround-Wettbewerben, profitieren Reiter und Pferd vom Signalreiten.

Haben Pferde einmal gelernt, mitzudenken und mit Ruhe und Überlegung an unbekannte Situationen und Hindernisse heranzugehen, werden sie die Aufgaben einer Trailprüfung ebenso mit Bravour bewältigen wie Geländestrecken. Immer dann, wenn der Reiter sein Pferd nicht dauernd an die Hilfen stellen kann oder will, bietet sich das Signalreiten an. So ist der Einsatz entsprechend ausgebildeter Pferde auch beim Reiten als Sport für Behinderte denkbar, wo körperliche Beeinträchtigungen vielen Reitern die Beherrschung einer zu komplexen Hilfengebung erschweren, wenn nicht gar unmöglich machen. Beim Handpferdreiten schließlich freut sich der Reiter über ein Reitpferd, das sich mit minimalem Aufwand reiten lässt, sodass er sich voll und ganz auf sein Handpferd konzentrieren kann. Nicht zuletzt verspüren rückenkranke Reiter beim Signalreiten Erleichterung infolge der Dominanz rückenschonender Sitzvarianten und durch den Wegfall mancher Belastungen fürs arme Kreuz, die sich durch allzuviel „Handarbeit“ ergeben.

Nicht für jedes Pferd

Trotz der unbestrittenen Vorteile ist das Signalreiten keinesfalls ein universeller Seligmacher für Reiter und Pferd, denn das potenzielle Einsatzgebiet wird von verschiedenen Faktoren begrenzt. So eignet sich das Signalreiten alleine nicht, um ein Pferd für die bekannteren Disziplinen des großen Sports auszubilden – Dressur, Springen oder Vielseitigkeit –, denn deren komplexe Aufgabenstellung lässt sich mit den Mitteln des Signalreitens nicht umsetzen.

Nicht jedes Pferd lässt sich nur mit der Signalreitweise so ausbilden, dass es seinem Beruf langfristig bei erhaltener Gesundheit nachgehen kann. Vor allem Individuen mit bestimmten anatomischen Unzulänglichkeiten, wie etwa bergab gebaute Pferde, werden mit minimaler Hilfestellung des Reiters nicht von allein in ein solides Gleichgewicht finden, sie können meist mit den Möglichkeiten des Signalreitens nicht ausreichend aufgerichtet und auf die Hinterhand gesetzt werden, würden bei freier Selbsthaltung auf der Vorhand laufen, was immer mit der Gefahr

Ob ein Gangpferd mit den Mitteln des Signalreitens alleine getöltet werden kann, muss individuell entschieden werden.

frühzeitiger Verschleißerscheinungen an Vordergliedmaßen und Rücken verbunden ist. Überbaute Pferde, Pferde mit kurzem oder sehr tief angesetztem Hals oder insgesamt schlechter Oberlinie verlangen ein Ausmaß an gymnastizierender Arbeit, das nur mit den Mitteln des Signalreitens nicht zu leisten ist.

Eine ähnliche Problematik finden wir bei manchen Gangpferden: Pferde mit schlecht getrennten Gängen, andere, deren Taktfehler in der Spezialgangart der ständigen Korrektur bedürfen oder die mit einem höheren Maß an Spannung und Anlehnung geritten werden wollen, benötigen mehr Zügelkontakt oder müssen mit einem komplexen Zusammenspiel von treibenden und verhaltenden Hilfen geritten werden, was gegen eine der Grundregeln des Signalreitens verstößt.

Alle Gangpferde, die nicht von sich aus beim Beschleunigen aus dem Schritt in einen taktklaren und sicheren Tölt fallen, können also zumindest in der Spezialgangart nicht mit den Mitteln des Signalreitens dauerhaft geritten werden.

Diese und andere individuelle Einschränkungen müssen aber nicht bedeuten, dass Reiter und Pferd gänzlich auf das Signalreiten verzichten, es muss lediglich von Fall zu Fall abgewogen werden, welche Trainingsform dem Pferd momentan am meisten nutzt, und das verlangt vom Reiter eine gewisse Flexibilität in der Wahl seiner Mittel. So wird das Training auch des im Signalreiten ausgebildeten oder auszubildenden Pferdes fallweise durch eine der vielen Bodenarbeitsformen ergänzt, was die Arbeit sowohl abwechslungsreicher als auch effektiver gestaltet. Welche Form der Bodenarbeit der Reiter auch wählt, er kann die für das Signalreiten typische, grundlegende Einstellung seinem Pferd gegenüber übernehmen und einbringen.

Er weiß: Bei jeder Trainingsform wie auch im täglichen Umgang stumpft ein dauerndes Trommelfeuer an bewussten oder unbewussten Hilfen das Pferd ab, während dosiert und gezielt eingesetzte, unmissverständliche Signale es wach und eifrig erhalten.

Reiten ist nie natürlich

Einseitige Arbeit bringt immer auch einseitige Belastungen mit sich, das gilt selbstverständlich auch für das Signalreiten. Keine Reitweise darf für sich in Anspruch nehmen, im weitesten Sinne „natürlich“ und damit automatisch frei von möglichen negativen Auswirkungen auf das Pferd zu sein. Am Reiten ist nichts natürlich, Pferde sind nur unter bestimmten Bedingungen überhaupt in der Lage, ihren Beruf als Reittier auch langfristig ohne schwere gesundheitliche Schäden durchzuführen. Eine Grundvoraussetzung für schonendes Reiten ist die Gymnastizierung des Pferdes, die mit falsch verstandenem „natürlichen“ Reiten nie

Die Ausbilderin demonstriert, welche Probleme durch eine mangelnde reiterliche Einflussnahme auf die Selbsthaltung des Pferdes entstehen.

geleistet werden kann. Wer sein Pferd ohne reiterliche Formung gehen lässt, wie es ihm gefällt, allenfalls Einfluss auf Tempo und Richtung nimmt, hat es binnen Jahresfrist körperlich völlig zugrunde gerichtet. Die Ausübung einer auch auf größtmögliche Schonung des Pferdes ausgerichteten Reitweise entbindet den Reiter nicht von der Pflicht, sich umfassend weiterzubilden und mindestens eine effektive Bodenarbeitsmethode anzueignen. Nur durch diese Kombination von Arbeit unter dem Sattel und lastfreiem Training – Longieren, Doppellongenarbeit, Freiheitsdressur, Handpferdearbeit – kann Ihr Pferd seelisch wie körperlich fit erhalten werden.

Der ambitionierte Reiter wird also im Laufe der Zeit die Grenzen der Signalreitweise erkennen und bei Bedarf dazu übergehen, sein Pferd mit anderen Mitteln weiter auszubilden. Welche Reitweise der Reiter dann wählt, ob er weiterhin weitgehend im Sinne des Signalreitens trainiert und einzelne Aspekte anderer Reitweisen, etwa des Westernreitens, übernimmt, oder im Signalreiten nur den Einstieg sieht und dann konsequent einen sich sinnvoll daran anschließenden Weg geht, bleibt ihm überlassen. Grundsätzlich ist es für beide Seiten vorteilhaft, auch bei der weiterführenden Ausbildung darauf zu achten, dass die Hilfengebung konsequent und dabei in Häufigkeit und Intensität auf das unbedingt notwendige Maß begrenzt ist. Dies beugt der so häufig zu beobachtenden Desensibilisierung von Reitpferden (Abstumpfung, „sauer" werden) effektiv vor und erhält auch den Reiter hellhörig und sensibel.

Dies bedeutet, dass auch der Reiter beim Signalreiten gehörig in die Pflicht genommen wird. Das Pferd wird schließlich dazu erzogen, jedem Signal seines Reiters eine Bedeutung beizumessen, auf jeden Befehl prompt zu reagieren. Unruhige Reiter, die mit der Zügelhand fuchteln, im Sattel schwanken, mit den Schenkeln klopfen oder klammern oder auf andere Weise ihr Pferd durch ständige, unbewusst gegebene Hilfen verunsichern, müssen deshalb Körperbeherrschung entwickeln.

Halten wir fest:

Das Signalreiten eignet sich für zahlreiche Einsatzgebiete und viele reitsportliche Disziplinen, sollte aber durch geeignete Bodenarbeitsformen ergänzt werden.
Manchmal kann es notwendig sein, das Pferd mit über die Möglichkeiten des Signalreitens hinausgehenden Mitteln zu arbeiten, insbesondere, zu gymnastizieren.

Ausrüstung
für Reiter und Pferd

3

Während in den etablierten Reitweisen eine mehr oder weniger strenge Kleiderordnung für Reiter und Pferd herrscht, richtet sich die Ausrüstung beim Signalreiten nach rein praktischen Gesichtspunkten – erlaubt ist eben, was gefällt!

Alle Ausrüstungsgegenstände werden so gewählt, dass sie

- größtmögliche Sicherheit für Reiter und Pferd gewährleisten,
- effektives Reiten ermöglichen,
- den Reiter bei der Suche nach dem Gleichgewicht unterstützen und seinen Sitz im positiven Sinne formen sowie
- für beide Seiten möglichst bequem sind.

Zaumzeug und Gebiss

Das Gebiss muss in Länge und Dicke dem Pferdemaul angepasst sein. Doppelt gebrochene, anatomisch geformte Wasser- oder Olivenkopftrensen sind gegenüber den einfach gebrochenen und simpel konstruierten Versionen zu bevorzugen, da sie auch bei ungewollt heftigem Zügelanzug nicht die gefürchtete Nussknackerwirkung im empfindlichen Pferdemaul entfalten und angenehm ruhig liegen. Alle mit Anzügen ausgestatteten Gebisse, also Kandarengebisse im weitesten Sinne, sind dem fortgeschrittenen Reiter und seinem auf Trense bereits perfekt ausgebildeten Pferd vorbehalten, sie eignen sich nicht für zwei- oder vierbeinige Anfänger. Insbesondere können diese Gebisse, zu denen auch das bei Freizeitreitern gerne verwendete Linda-Tellington-Jones-Bit oder die Snaffle with Shanks aus dem Westernreitsport zählen, nicht als Rettungsanker für durchgehende Pferde oder als Rosskur für betonmäulige Pferde eingesetzt werden. Die Potenzierung der über die Zügel ausgeübten Kräfte durch teilweise sehr lange Unter- und Oberbäume darf nicht unterschätzt werden. Sollen Kandarengebisse bei sehr weit fortgeschrittenen Teams verwendet werden, sind mit zwei Zügelpaaren zu

Kandarengebisse wie das Pelham sollten mit zwei Zügeln geritten werden.

reitende Versionen mit mäßig langen Anzügen zu bevorzugen (Stangenpelham, Kimblewick).

Das Zaumzeug ist auf die verwendete Gebissform abzustimmen. Nötig sind Backen- und Genickstück sowie Zügel, auf den Kehlriemen kann verzichtet werden. Bei Pferden, die im Genickbereich mit dichtem Mähnenhaar ausgestattet sind, wird das Zaumzeug durch den darunter gebildeten Scheitel fixiert, ein Stirnriemen ist dann nicht notwendig. Reithalfter dienen grundsätzlich dazu, das Gebiss im Maul zu fixieren und das Pferd am Sperren zu hindern. Infolge der kurzen, sanften Zügelhilfen beim korrekten Signalreiten liegt das Gebiss ruhig und kann kaum durch das Maul gezogen werden. Auch neigen Pferde weitaus weniger zum Sperren, da sie nicht durch permanenten, unangenehmen Zügeldruck dazu animiert werden. Trotzdem kann die Verwendung eines Reithalfters für eine gewisse Zeit angezeigt sein, vor allem bei jungen oder zu korrigierenden Pfer-

Ein Gebiss aus rostendem Eisen (sweet iron) regt die Maultätigkeit an.

den. Allerdings muss sich der Reiter darüber klar sein, dass ein Reithalfter das Abkauen einschränkt und zudem ernste Reiterfehler wie eine harte Hand vertuscht. Bei Kandarengebissen dürfen keine hannoverschen Reithalfter, sondern allenfalls englische ohne Pullerriemen eingeschnallt werden.

Schwere Lederzügel können beim Reiten mit wenig Kontakt übermäßig schlackern und besonders empfindliche Pferde im Maul stören, sie fühlen sich mit schmalen, geflochtenen Lederzügeln (Islandpferdebedarf) oder Schnurzügeln wohler. Auf Hilfszügel kann beim Signalreiten generell verzichtet werden.

Gebisslose Zäumungen

Während bestimmter Phasen der Grundausbildung, aber auch in manchen Bereichen des Freizeitreitens kommen gebisslose Zäumungen zum Einsatz. Die klassische Hackamore – ein Bosal

Das Sidepull ist eine besonders empfehlenswerte gebisslose Zäumung.

in Verbindung mit einer Mecate und eventuell einem Fiador – finden wir fast ausschließlich im Westernsport.

Im Freizeitbereich kommt dagegen leider meist die mechanische Hackamore zum Einsatz, die jedoch mit ihrem Vorbild nur einen Teil des Namens gemein hat und für keinen Zweck empfohlen werden kann, denn feines Reiten ist mit dieser Zäumung nicht möglich. Anders ist die zweite bekannte gebisslose Zäumung zu beurteilen, das Sidepull. Für Jungpferde und Reitanfänger ist die direkte Zügelführung auch in der Wendung leicht zu verstehen und umzusetzen, das Maul des Pferdes wird geschont und es wirken keine über Hebel potenzierte Kräfte auf das Pferd ein. Relativ ähnlich in seiner Wirkung, ist das kolumbianische Bozal ebenso wie das Sidepull vorwiegend eine Ausbildungszäumung.

Sättel und Sattelzubehör

Sättel müssen unbedingt dem Pferd individuell angepasst werden, wobei die meisten Fachverkäufer zwar selbsternannte Sattelexperten, aber oft nicht wirklich sachkundig sind. Damit der neue Sattel auch passt, muss er entweder dem Pferd aufgelegt und ausprobiert werden oder die Passform wird durch Abnahme eines Abdrucks überprüft. Dabei kommen spezielle Messgitter oder andere Systeme zum Einsatz, mit denen sich ein dreidimensionaler Abdruck der Sattellage nehmen lässt. Mit Hilfe dieser Abdrücke werden auch Maßsättel gefertigt, die in ihrer Passform natürlich fast allen Sätteln von der Stange überlegen, aber auch entsprechend teuer sind.

Nicht nur die Passform muss stimmen, darüber hinaus sollten im Freizeitbereich eingesetzte Sättel grundsätzlich über eine eher große Auflagefläche verfügen, wie es vor allem für Westernsättel und alle Formen von Trachtensätteln typisch ist. Der Sattel sollte unbedingt auch dem Reiter passen; so sind insbesondere die Lage der Steigbügelaufhängung, die Größe der Sitzfläche und die Polsterung so zu wählen, dass der Reiter korrekt sitzen kann. Anatomisch falsch angelegte Sturzfedern fördern Sitzfehler wie Stuhlsitz und Spaltsitz, relativ zu große Sitzflächen lassen ebenso wie der Verzicht auf Pauschen (Sportsättel im Islandpferdebereich) die ungeübte Reiterkehrseite wie einen Entenpopo wackeln, während eine allzu einengende Polsterung oder Ausformung der Sitzfläche (manche spanische Sättel und Westernsättel) wiederum die entlastende Sitzformen erschwert.

Anstelle der gewöhnlichen Steigbügel bevorzugt man beim Signalreiten Sicherheitssteigbügel, die in mehreren Versionen erhältlich sind: Vorne geschlossene Korb- oder Camarguesteigbügel sind vor allem für Kinder geeignet, da damit auch winzige Kinderfüße im Falle eines Falles nicht durchrutschen können. Seitlich offene oder doppelt geschwungene Steigbü-

Ob in der Bahn oder im Gelände, ob Anfänger oder Fortgeschrittener: Der Helm gehört immer dazu!

gel unterstützen bei einem Sturz den Fuß beim Gleiten aus dem Steigbügel. Durch schwere Steigbügel und eine unter dem Sattelblatt verlaufende Führung der Steigbügelriemen wird die ruhige Lage des Reiterbeins unterstützt. Der Sattel ist fallweise durch Schweifriemen oder Vorderzeug zu ergänzen und an seinem Platz zu fixieren. Eine geeignete Sattelunterlage saugt den Schweiß auf, leitet Hitze ab und wirkt leicht stoßdämpfend. Es ist die zum jeweiligen Satteltyp passende Unterlage zu wählen, keinesfalls etwa dürfen die dicken Pads aus dem Westernbereich unter englische Sportsättel gelegt werden, da der passende Sattel damit vor allem im vorderen Bereich zu eng wird und drückt. Besonders empfehlenswert für lange Ritte sind die mehrfach zu faltenden Woilachs, die auch Reibungskräfte in gewissem Umfang auffangen können.

Kleider machen Reiter

Das wichtigste Kleidungsstück des Reiter ist der Reithelm, auf den verantwortungsbewusste Reiter in keiner Situation verzichten. Er schützt nicht nur den Anfänger oder Geländereiter, sondern immer und überall jeden Reitsportler vor den schlimmsten Folgen eines Reitunfalls.

Reithelme müssen der aktuellen Sicherheitsnorm genügen, sollten gut sitzen und sowohl nach jedem schweren Sturz als auch routinemäßig nach einigen Jahren ersetzt werden, da nach Gewalteinwirkungen und durch Materialermüdung infolge Alterung die sicherheitsrelevanten Eigenschaften des Helmes beeinträchtigt werden können.

Insbesondere für kleine Reitkinder, aber durchaus auch für jeden auf Sicherheit bedachten Reiter kann zusätzlich eine Sicherheitsweste empfohlen werden, die Brustkorb und Wirbelsäule mit einer Knautschzone umgibt. Schuhe oder Stiefel sind nur dann geeignet, wenn sie über eine feste Sohle samt ausgeprägtem Absatz verfügen und so geschnitten sind, dass der obere Rand über dem Knöchel liegt. Nur Reitstiefel, Reitschuhe samt Chapsletten oder Stiefeletten geben festen Halt und verhindern, dass der gesamte Fuß durch den Steigbügel rutschen kann.

Eine gut sitzende Reithose, Handschuhe und eine lange Gerte ergänzen das Outfit des Reiters. Die Länge der Gerte ist so auf die Größe des Reiters und die Rumpflänge des Pferdes abzustimmen, dass der Reiter die Kruppe des Pferdes durch eine einfache Drehung des Handgelenkes erreichen kann, nur so ist ein für das Pferdemaul störungsfreier Einsatz dieses wichtigen Hilfsmittels möglich.

Halten wir fest:

Welche Ausrüstungsgegenstände der Reiter auch bevorzugt, er macht seine Wahl vom Ausbildungsstand von Reiter und Pferd abhängig, setzt ausschließlich gut passende und sinnvolle Ausrüstungen ein und verwirft alles, was ihn oder sein Pferd überfordert.

4 Bevor es losgeht

Reiter und Pferdehalter wissen: Gleichberechtigt neben gekonntem und überlegtem Reiten steht der tägliche sachgerechte Umgang mit dem Pferd, der von fundiertem Wissen über das Pferd, sein natürliches Verhalten und seine arttypischen Bedürfnisse geprägt sein muss. Zu jeder Trainingseinheit unter dem Sattel gehört die Zeit der Vor- und Nachbereitung, die beide Partner auf die gemeinsame Arbeit einstimmt. Einen großen Stellenwert nimmt dabei das korrekten Führen ein, doch auch das Auf- oder Absitzen muss geübt werden. Zwar weist der Begriff „Signalreiten" darauf hin, dass der Schwerpunkt in der Arbeit unter dem Sattel liegt, insbesondere Reitanfänger und Jungpferde müssen jedoch auch im korrekten Umgang miteinander unterwiesen werden. Die wichtigsten Punkte sollen deshalb in Kürze vorgestellt werden.

Richtig führen

Führübungen sind Ausbildung und Erziehung zugleich. Halfterführig ist ein Pferd, das sich beim Führen ohne ständige Korrektur selbständig in einer vom Führenden gewählten Position hält. Je nach Reitweise oder individueller Vorliebe sind verschiedene relative Positionen von Mensch und Pferd möglich. Bei der am häufigsten gewählten Methode hält sich das Pferd an der rechten Seite des Menschen, es bleibt etwa mit der Halsmitte auf gleicher Höhe und hält ungefähr eine Unterarmlänge seitlichen Abstand. Diese Position erlaubt es dem Menschen, sein Pferd ständig im Auge zu behalten und anhand des Ohrenspiels oder der Mimik frühzeitig zu erkennen, ob ein Eingreifen notwendig ist. Beim Westernreiten oder auch in Kulturen, in denen vorwiegend Reithengste geritten werden, kann eine andere Position bevorzugt werden, die den unterlegenen Rang des Pferdes unterstreicht. Dann wird das Pferd dazu angehalten, in gebührendem Abstand hinter seinem Menschen zu bleiben. Allerdings kann diese Konstellation vom Pferd durchaus auch anders gedeutet werden, da der Haremshengst einer Herde seine Stuten von hinten treibt. Zudem können Gefahrensituationen nicht frühzeitig erkannt werden, das scheuende Pferd kann seinen

Das Pferd im Auge zu behalten und schnell eingreifen zu können, das sind die Vorteile dieser Führposition.

Menschen dann von hinten umrennen. Aus Sicherheitsgründen ist deshalb die erstgenannte Führposition generell zu bevorzugen, wobei das Pferd auch lernen sollte, sich auf der anderen Seite des Menschen oder hinter ihm zu halten – schließlich weiß man nie, welche Hindernisse und Engpässe unterwegs vielleicht führend überwunden werden müssen.

Ob das Pferd am Halfter, mit einer Führkette oder seinem gewohnten Zaumzeug geführt wird, immer gilt: Nie Führstrick oder Zügel um die Hand wickeln, auch nicht in engen Schlaufen aufnehmen! Ein plötzliches Scheuen genügt und man kann sich von ein paar Fingern verabschieden. Die rechte Hand greift den Führstrick ein paar Handbreit unterhalb des Halfterringes, die Zügel so, dass der Zeigefinger die beiden Zügel voneinander trennt. Mit der linken Hand wird das Ende von Strick oder Zügeln erfasst. Sind beide Hände am Strick, hat man im Falle eines Falles mehr Kraft und mehr Handlungsspielraum, falls sich das Pferd mit einem Ruck von der eigentlich führenden Hand löst. Die führende Hand hält sich etwa auf der Höhe des Pferdemauls so, dass der Strick oder Zügel locker durchhängt. Mit Stimmkommandos wird das Pferd zum Antreten oder Anhalten aufgefordert, unterstützend kann eine in der linken Hand mitgeführte Gerte eingesetzt werden. Sie tippt das Pferd an der Kruppe an, um es zum Antreten aufzufordern oder ein höheres Tempo einzufordern. Eine samt Gerte auf Augenhöhe oder Brusthöhe vorgeführte linke Hand dagegen wirkt bremsend. Das Pferd sollte so erzogen werden, dass es unaufgefordert das vorgegebene Tempo der Führperson übernimmt und dabei weder stürmt, noch zackelt, zurückbleibt oder drängelt. Getreu den Grundprinzipien des Signalreitens wird die selbständige Mitarbeit und die prompte Reaktion des Pferdes auf einmal gegebene Befehle gefordert und gefördert. Dabei sollte der Führstrick immer ein wenig durchhängen, um das Pferd auch beim Führen überwiegend kontaktfrei zu leiten. Ein dosiertes Zupfen, und es verlangsamt, ein leiser Befehl, vielleicht verbunden mit einem zarten Anticken der Gerte bei leicht durchhängendem Führstrick, und es tritt an. Dazwischen Passivität der Führperson – wer sich dies angewöhnt, freut sich über ein immer und überall mit leisesten Hilfen gut zu führendes Pferd.

Diese Passivität des Menschen erstreckt sich möglichst auf alle Bereiche des Umgangs mit dem Pferd. Wer etwa die Steigbügel beim Führen grundsätzlich überschlägt, gibt seinem Pferd nicht unabsichtlich scheinbare Hilfen durch den unangenehm in die Seiten schlackernden Steigbügel. Wer sein Pferd auf Pferdeart begrüßt, ihm lobend sanft die Stirn krault statt es mit klatschenden Schlägen auf den Hals zu strafen, wer immer und überall die eigenen Bewegungen ruhig und reduziert hält, erzieht sich und sein Pferd zur Sensibilität.

Bitte aufsitzen!

Für das Aufsitzen sind zwei grundsätzlich unterschiedliche Bewegungsabläufe möglich. Im konventionellen Reitsport nimmt der Reiter vor dem Aufsitzen eine Position ein, in der seine Blickrichtung gegen die Hinterpartie des Pferdes gerichtet ist. Beim Aufschwung vollzieht der Reiter dann notwendigerweise eine Wendung um fast 180 Grad. Diese Variante birgt verschiedene Nachteile für Reiter und Pferd in sich: Der Reiter kann den Kopf seines Pferdes nicht im Auge behalten und somit auch nicht an der Mimik und dem Ohrenspiel ablesen, was sein Vierbeiner möglicherweise im Schilde führt. Die Wendung im Aufschwung ist gerade für den Anfänger schwer zu koordinieren, zudem wird er in der Drehung Gefahr laufen, seinem Vierbeiner den im linken Steigbügel stehenden Fuß in die Seite zu bohren und so unabsichtlich eine treibende Hilfe zu geben. Wesentlich sinnvoller ist eine andere, in vielen Bereichen des Freizeitreitens bereits verbreitete Variante.

Der Reiter nimmt mit Blick nach vorne Aufstellung an der linken Seite seines Pferdes. Die linke Hand erfasst den linken Zügel und greift in die

Aus dieser Grundhaltung lässt es sich einfacher und sicherer aufsitzen. Bei Anfängern und Jungpferden sollten die Zügel allerdings kürzer gefasst werden.

Mähnenhaare, die rechte Hand nimmt den rechten Zügel auf und sucht am Vorderrand des rechten Sattelblattes Halt, wobei der rechte Unterarm gerade auf dem Sattel abgestützt wird. Beide Zügel hängen sanft durch und können mit einer leichten Drehung des Handgelenkes so verkürzt werden, dass Kontakt zum Pferdemaul besteht. Der linke Fuß wird in den Steigbügel gestellt, das Knie an die vordere Pausche gedrückt. Der Reiter stößt sich mit dem rechten Fuß schwungvoll ab, bewegt den Oberkörper dabei vorwärts, aufwärts und nach rechts und kommt so mit über die rechte Schulter des Pferdes gerichtetem Rumpf kurz zum Stehen im linken Steigbügel. Das rechte Bein wird gerade gerichtet über die Kruppe geführt, der rechte Fuß nimmt den rechten Steigbügel auf. Nun sitzt der Reiter sanft in den Sattel ein und hat bereits beide Zügel in der korrekten Position. Sollte das Pferd während des Aufsitzens antreten, wird der Reiter seine Absicht frühzeitig bemerken und kann sofort korrigierend eingreifen, indem er beide Zügel ein wenig annimmt und so Kontakt herstellt. Wird der rechte Zügel ein wenig verkürzt, wird sich das Pferd beim Loslaufen dem Reiter entgegen wenden, wodurch dieser problemlos den Vorgang des Aufsitzens beenden kann. Der linke Fuß bleibt immer parallel zum Pferdekörper, unbeabsichtigte Stöße sind dadurch ausgeschlossen. Diese Variante des Aufsitzens ist somit in allen Phasen sicherer und einfacher.

Und nun wieder runter

Beim Absitzen unterscheiden wir zwei mögliche Varianten. Zum Abspringen werden am besten zunächst beide Zügel mit der linken Hand erfasst, die in die Mähne greift, die rechte Hand erfasst das Sattelblatt oder die vordere Sattelkammer. Beide Füße werden aus den Steigbügeln genommen, der Reiter holt Schwung, neigt den Oberkörper nach vorn rechts und hebt dabei das rechte Bein über die Kruppe. Beide Beine werden geschlossen zusammengeführt, der Reiter lässt die rechte Hand los und kommt links neben seinem Pferd zum Stehen. Diese Version ist sicherer und deshalb für die Arbeit mit Jungpferden und beim Unterricht von Reitanfängern zu bevorzugen, allerdings werden die Knie des Reiters vor allem beim Abspringen von großen Pferden belastet.

Angenehmer für die Gelenke ist das Absitzen. Hierzu wird zunächst nur der rechte Fuß aus dem Steigbügel genommen, über die Kruppe geführt und auf der linken Seite des Pferdes aufgesetzt, danach nimmt der Reiter auch den linken Fuß herunter. Bei sehr großen Pferden oder kleinen Reitern kann allerdings der rechte Fuß den Boden nicht erreichen, solange der linke noch im Steigbügel steckt, auch hier muss also abgesprungen werden.

Beim Reiten mit Gerte wird diese in jeweils der Hand gehalten, von der aufgesessen beziehungsweise zu der abgesessen wird. Es ist übrigens für Reiter und Pferd von Vorteil, wenn nicht, wie hierzulande üblich, nur von links aufgesessen und nach links abgesessen wird. Diese Tradition hat ihren Ursprung in der militärischen Reiterei, da die an der linken Körperseite des Reiters getragene Stichwaffe beim Aufsitzen von rechts im Weg gewesen wäre. Heute hindert nichts den Reiter daran, sich und sein Pferd symmetrischer zu belasten und beidseitig geschmeidig zu erhalten, außer der Macht der Gewohnheit. Wer das Aufsitzen von und das Absitzen nach beiden Seiten übt, wird übrigens auch die beiden Steigbügelriemen gleichmäßig dehnen. Der bei vielen Reitern zu beobachtende schiefe Sitz kann seine Ursache darin haben, dass der linke Steigbügelriemen über lange Zeit stärker belastet und damit stärker gedehnt wird, somit länger ist als der rechte.

Bei sehr großen Pferden oder kleinen Reitern muss zum Aufsitzen oft in die Trickkiste gegriffen werden. Entweder verlängert der Reiter den zum Aufsitzen benötigten Steigbügelriemen

Das Abspringen ist zwar sicherer, belastet aber die Gelenke des Reiters.

so, dass der Fuß bequem in den Steigbügel gestellt werden kann, oder er benützt eine Aufsteighilfe.

Damit weist er sich keinesfalls als fauler Grobmotoriker, sondern als mitdenkender Pferdefreund aus.

Halten wir fest:

Pferde werden mit minimaler Hilfengebung geführt und dazu angehalten, sich ohne dauernde Korrektur selbständig in einer von der Führperson bestimmten Position zu halten.
Beim Aufsitzen und Absitzen wählt der Reiter einen Bewegungsablauf, der ihm diese Aufgabe erleichtert und für beide Seiten sicher und angenehm ist.

5 Der Sitz des Reiters

Spricht der Reiter vom „Sitz“, meint er damit etwas ganz anderes als der gewöhnliche Fußgänger. Wer sich auf einen Stuhl setzt, in einen Sessel fallen lässt, auf die Couch lümmelt, ruht sich aus, indem er sein Gewicht über die Kehrseite auf eine Unterlage ablegt. Nicht nur Beine und Füße dürfen sich so seligem Nichtstun hingeben, entspannen, ausruhen, oft werden auch Oberkörper und Kopf angelehnt. Sitzen heißt in diesem Zusammenhang ausruhen, passiv, inaktiv sein.

Aktiv sitzen – aber wie?

Der Reiter allerdings versteht unter dem Sitz einen ganz anderen, vor allem einen sehr aktiven Zustand. Zwar nimmt auch er im Sattel Platz, doch die scheinbare Ruhe dieses Sitzens trügt. Da sind zum einen die Bewegungen des Pferderückens, die den sitzenden Reiter natürlich mit bewegen. Diese Bewegungen verlaufen in drei Richtungen: Auf und ab, vor und zurück, hin und her. Diese Impulse mit dem eigenen Körper abzufedern, sie als elastische Wellen durch sich hindurch laufen zu lassen, dabei weder zum willenlosen Spielball dieser Kräfte zu werden noch sich mehlsackähnlich durchschütteln zu lassen, verlangt dem Reiter ein nicht zu unterschätzendes Maß an Körperbeherrschung ab.

Bei alledem ist bitteschön eine Haltung einzunehmen, die den Rücken des Pferdes nicht belastet und außerdem Grundlage für das bereits erwähnte Zusammenspiel der Hilfen ist, also eine stabile Basis für alle zügelunabhängig und kontrolliert gegebenen Signale bietet. Puh! Das hört sich kompliziert und anstrengend an, und das ist es auch.

Um Reiter und Pferd bei dieser schwierigen Aufgabe zu unterstützen, bieten die beim Signalreiten bevorzugten Sitzvarianten einige entlastende Ansatzpunkte an:

- Da alle Signale kurz und eindeutig gegeben werden und der Reiter sich ansonsten passiv verhält, ge-

Wer richtig sitzt, kann sein Pferd auch ohne Ausrüstung lenken.

staltet sich die Abstimmung zwischen Sitz und Hilfengebung natürlich grundsätzlich einfacher als bei Reitstilen, bei denen der Reiter sein Pferd unablässig an den Hilfen hält.

- Neben dem Grundsitz bieten sich vor allem für die schnelleren Gangarten Trab und Galopp zwei Sitzvarianten an, die den Pferderücken schonen und dem Reiter erlauben, einem Teil der vom Pferderücken ausgehenden Bewegungsimpulse einfach auszuweichen oder sie abzufedern.
- Die Art der Zügelführung erlaubt es vor allem dem Anfänger, bei noch bestehenden Balanceproblemen die Hände beidseits des Mähnenkammes abzustützen und so zu einer ruhigen Handhaltung zu kommen.

Es ist dem Reitanfänger auch erlaubt, mit einer Hand in die Mähne oder in den Maria-hilf-Riemen vorne am Sattel zu greifen.

Der Maria-hilf-Riemen hilft nicht nur dem Reitanfänger, sondern auch seinem Pferd.

- Anders als bei vielen anderen Reitweisen kennt das Signalreiten keine über ein Anspannen des Kreuzes vermittelte treibende Hilfe. Das aktive Einsitzen, die wischende Bewegung der Kehrseite im Sattel ist eine nur sehr schwer verständlich zu erklärende und vermittelbare Form der Hilfengebung. Diesbezügliche Verständnisprobleme führen oft zu falscher, das Pferd sehr belastender Ausführung, indem der Reiter in Rücklage gerät oder hart und übertrieben schwer einsitzt. Der grundsätzliche Verzicht auf diese Form der Hilfengebung beugt zahllosen Problemen vor.

Trotz dieser Erleichterungen will auch beim Signalreiten der korrekte Sitz gelernt und geübt werden. Haltungsprobleme wie auch durch falsch eingestellte Steigbügellängen oder unpassende Sättel verursachte Sitzfehler führen sonst zu schwerwiegenden Problemen, die für Reiter und Pferd belastend sind und entspanntes Reiten unmöglich machen.

Sichere Basis: der Grundsitz

Der Grundsitz beim Signalreiten entspricht weitestgehend dem Dressursitz des konventionellen Reitstils. Der Reiter sitzt frei aufgerichtet im tiefsten

Der Grundsitz setzt den Reiter zwanglos aufrecht.

Punkt des Sattels, hält den Oberkörper bei zwanglos zurückgenommenen Schultern aufrecht und lässt den Blick über den Pferdekopf in die Richtung gehen, in die sich sein Pferd bewegt. Er achtet darauf, den Kopf ausbalanciert vom Hals tragen und seine Augen konzentriert, doch ohne Verbissenheit in die Weite schauen zu lassen. Die Oberarme dürfen locker senkrecht herabhängen, die Ellbogen werden bei beidhändiger Zügelführung so gewinkelt, dass die Außenseite des Unterarms, der Handrücken und der Gebissring eine ungebrochene, gedachte Linie bilden. Die Hände werden auf Höhe des Widerristes etwa eine Handbreit über der Mähne locker aufrecht getragen, ihr Abstand voneinander entspricht ungefähr dem der beiden Ohren des Pferdes.

Bei beidhändiger Zügelführung werden die Zügel so gegriffen wie beim konventionellen Reitstil, der Zügel läuft also vom Pferdemaul her von außen zwischen kleinem Finger und Ringfinger in die Faust und wird aus der Hand so über den Zeigefinger geführt, dass der Daumen wie ein kleines Dach aufliegt.

Anders die einhändige Zügelführung: Der Zügel bildet eine Schlaufe, die Hand erfasst von oben die Stelle, an der sich die vom rechten und vom linken Gebissring kommenden Zügel kreuzen. Dabei umschließen die drei langen Finger, alternativ auch alle vier Finger beide Zügel in der Faust. Rechter beziehungsweiser linker Zügel verlaufen unter dem Daumen beziehungsweise dem kleinen Finger und werden mit leichtem Druck gehalten. Da der Handrücken nach oben zeigt, wird auch der Unterarm zwanglos so gehalten, dass seine Außenfläche oben liegt. Im Ellbogen wird der Arm so gewinkelt, dass der Oberarm wie bei der beidhändigen Zügelführung gerade aus der Schulter hängt und seitlich am Rumpf anliegt. Die Zügelhand

Die beidhändige Zügelführung entspricht der beim konventionellen Reitstil gebräuchlichen Haltung.

Bei einhändiger Zügelführung liegt der Handrücken oben.

kann locker getragen oder leicht am Mähnenkamm aufgelegt werden.

Die innere Hand, bei einhändiger Zügelführung die freie Hand, hält die Gerte so, dass sie entweder an der Pferdeschulter nach unten zeigt oder so über den Oberschenkel gelegt wird, dass die Kruppe mit einer leichten Drehung des Handgelenkes erreicht wird. Bei beidhändiger Zügelführung erfasst die jeweils innere Hand die Gerte knapp unterhalb des Knaufs mit der ganzen Hand, der Daumen wird dabei entlang des Knaufs gerade aufgelegt. Ob einhändige oder beidhändige Zügelführung: immer hängen beide Zügel deutlich durch, wobei auf eine beidseitig gleichmäßige Länge zu achten ist. Eine Ausnahme bildet das Reiten in der Bahn, hier kann der Reiter den äußeren Zügel etwas kürzer fassen, um sein Pferd an der Bande zu halten und zu verhindern, dass es nach innen drängt.

Der Reiter sitzt so im Sattel, dass sich die Last gleichmäßig auf beide Sitzbeinhöcker und den Spalt verteilt (Dreipunktsitz), fallweise – etwa beim Anreiten - kann auch der Oberkörper aus der Hüfte leicht vorgeneigt werden, wobei der Spalt vermehrt belastet wird. Das Bein ist aus der Hüfte so einwärts gedreht, dass Oberschenkel und Knie Kontakt zum Pferd halten, ohne allerdings aktiv zu pressen. Das übertriebene Bemühen um den so genannten Knieschluss kann nämlich dazu führen, dass sich der Reiter durch zu starkes Anspannen der Bein- und Gesäßmuskulatur quasi selbst aus dem Sattel hebelt. Die Waden liegen entweder sanft an oder hängen locker herab und nehmen nur kurzzeitig Kontakt auf, um ein Signal zu übermitteln.

Grundsätzlich treibt der Reiter nur mit dem Teil des Beines, der allein mit einer nach innen gerichteten Bewegung das Pferd erreicht. Langbeinige Reiter auf kleinen Pferden ziehen also keineswegs die Unterschenkel hoch, um mit der Wade treiben zu können. In jeder Phase bildet der Absatz den tiefsten Punkt des Reiters, wobei die Fußsohle annähernd parallel zum Erdboden gehalten wird und nur leicht nach hinten geneigt ist, keineswegs der Fuß im Gelenk krampfhaft nach unten gebogen wird. Eine gedachte, lotrecht verlaufende Linie verbindet Absatz, Hüfte und Schulter des Reiters.

Immer in Balance: der Entlastungssitz

Der Entlastungssitz wird oft mit dem leichten Sitz verwechselt oder in einen Topf geworfen. Der leichte Sitz ist der Sitz des Springreiters oder Geländereiters, typisch sind die deutlich verkürzten Steigbügel und die bei vorgeneigtem Oberkörper ganz aus dem Sattel genommene Kehrseite. Anders der beim Signalreiten häufig praktizierte Entlastungssitz, der auch als Schwebesitz oder Balancesitz bezeichnet wird: die Steigbügel haben die-

Beim Entlastungssitz kann der Rücken des Pferdes freier agieren.

selbe Länge wie beim Grundsitz oder werden allenfalls um ein bis zwei Löcher verkürzt, es ändert sich nur die Körperhaltung des Reiters. Dies hat den Vorteil, dass der Reiter nach Bedarf fließend zwischen Grundsitz (auch Vollsitz genannt) und Entlastungssitz wechseln kann, wie es die Situation erfordert.

Der Entlastungssitz wird vorwiegend in den schnelleren Gangarten Trab und Galopp eingenommen. Nicht nur im Gelände, sondern auch beim Reiten in der Bahn unterstützt er den Reitanfänger bei der Suche nach dem Gleichgewicht in der Bewegung und schont dabei das Pferd, dem nicht unabsichtlich ins Kreuz geplumpst wird, dem niemand im Maul zerrt, weil die Zügel als Rettungsanker herhalten müssen. Auch das junge Pferd wird sich leichter tun, wenn sich der Reiter im Sattel leicht macht. Nicht zuletzt finden viele (Gang-) Pferde schneller in einen taktreinen Trab oder Galopp, gibt der Reiter den Rücken frei und stört insbesondere im Trab das empfindliche Gleichgewicht des Pferdes nicht durch Leichttraben.

Damit nicht genug: Auch der Reiterrücken erfährt durch den Entlastungssitz eine deutliche Schonung, die vor allem im Trab deutlich wahrnehmbaren Stöße belasten nicht die knöchernen und muskulären Struktu-

Im Entlastungssitz wird die Hand des Reiters leicht nach vorne verlagert, sie darf auf dem Mähnenkamm abgestützt werden.

ren des Rückgrates (Bandscheibenprobleme!), sondern werden elastisch abgefangen.

Der Entlastungssitz wird aus dem Grundsitz entwickelt, indem der Reiter seinen Oberkörper leicht nach vorne neigt und gleichzeitig Hüfte und Gesäß ein wenig nach hinten schiebt, wodurch Gewicht von den Gesäßknochen genommen wird. Statt dessen werden nun der Spalt und die Innenseite der Oberschenkel vermehrt belastet. Der Reiter nimmt sein Gesäß dabei nicht aus dem Sattel, sein Kontakt wird nur leichter, fühlender. Der Oberkörper darf nicht so weit nach vorne geneigt werden, dass die Vorhand des Pferdes belastet wird, auch darf beim Vorneigen nicht der Unterschenkel haltlos nach hinten schlackern.

Es ergibt sich eine lotrechte gerade Linie, die nun zwischen Schulter, Knie und Fußballen oder -spitze des Reiters verläuft. Der Blick des Reiters geht nach vorne in die Bewegungsrichtung des Pferdes, sein Kopf wird dabei, verglichen mit dem Grundsitz, so wenig in den Nacken gelegt, dass die erwähnte Gleichgewichtslinie bei einer Verlängerung nach oben das Ohr treffen würde.

Bei einhändiger Zügelführung geht die Zügelhand oberhalb des Mähnenkamms ein wenig nach vorne, in dem Maß, wie auch der Oberkörper vorgeneigt wird. Sie darf auch auf dem Mähnenkamm abgelegt werden. Bei beidhändiger Zügelführung werden die Hände entlang der gedachten Linie zwischen Ellbogen und Gebissring rechts und links des Halses nach vorne geführt, wobei der Reiter auch hier mit den Fingerknöcheln Fühlung zum Pferd aufnehmen kann, um eine ruhige Handhaltung zu erleichtern. Wie beim Grundsitz auch entsteht eine gerade, gedachte Linie zwischen Ellbogen, Außenseite des Unterarmes und Gebissring.

Erleichterung fürs Pferd: Leichttraben

Im Trab fußt das Pferd abwechselnd mit beiden diagonalen Beinpaaren auf, dazwischen liegt jeweils eine kurze Schwebephase, in der kein Huf den Boden berührt. Diesen Rhythmus empfindet der Reiter als Zweitakt, der ihn in schneller Folge mehr oder weniger stark aus dem Sattel wirft und wieder hinein plumpsen lässt. Dem ungeübten Reiter wird es lange Zeit schwer fallen, diese stoßende Bewegung auszusitzen und weich abzufangen, das ungeübte Pferd wiederum wird auch den geschickt sitzenden Reiter oft zunächst als Last empfinden. Darum hat sich als Erleichterung für beide Seiten das Leichttraben entwickelt, bei dem der Reiter jedem zweiten Stoß ausweicht, indem er sein Gesäß abwechselnd aus dem Sattel nimmt und wieder einsitzt. Vielen Reitanfängern wird es allerdings zunächst leichter fallen, den Trab im Entlastungssitz zu reiten statt im Leichttraben, denn damit das Leichttraben gelingt und von beiden Seiten auch als Erleichterung emp-

Aufstehen, wenn das äussere Vorderbein des Pferdes sich nach vorne bewegt, das heißt „auf dem richtigen Fuß“ leichttraben.

funden werden kann, müssen drei Voraussetzungen gegeben sein:

- Der Reiter muss den Rhythmus des Pferdes genau treffen, muss also seine Auf- und Niederbewegungen dem Auf und Ab des Pferderückens anpassen.
- Er muss auch in der Bewegung sein Gleichgewicht halten, darf also weder nach vorne fallen noch nach hinten und sollte auch nicht zu weit aus dem Sattel aufstehen.
- Schliesslich muss er auf dem „richtigen Fuß" leichttraben.

Das Leichttraben wird aus dem Grundsitz oder dem Entlastungssitz heraus entwickelt. Zum Leichttraben nimmt der Reiter im Takt der Trabschritte abwechselnd sein Gesäß leicht aus dem Sattel und lässt sich wieder sinken. Es ergibt sich ein dauerndes Auf und Ab im Takt 1, 2, 1, 2, ..., in Übereinstimmung mit dem Takt des Trabes, ebenfalls 1, 2, 1, 2, ... Bei „1" entlastet der Reiter den Sattel, indem der sich im Kniegelenk und Hüftgelenk leicht streckt, die Winkel also größer werden lässt. In der Bewegung wird die Kehrseite leicht aus dem Sattel und nach vorne genommen, wobei die Hände am Platz bleiben und der Bewegung des Körpers nicht folgen. Dies erlaubt eine ruhigere Zügelführung. Wird das Leichttraben aus dem Entlastungssitz entwickelt, behält der Reiter seinen leicht vorgeneigten Oberkörper und die Winkelung des Beckens bei. Bei „2" sinkt der Reiter wieder elastisch in den Sattel. Durch diese Technik wird der Pferderücken bei jedem zweiten Trabschritt entlastet. Dieser positive Effekt lässt sich verstärken, indem der Reiter den Rücken immer in dem Moment frei macht, in dem das innere Hinterbein des Pferdes nach vorne geführt wird, nicht das äußere. Da die Hinterbeine jeweils deutlich unter den Schwerpunkt greifen sollen und das Untertreten mit dem inneren Hinterbein dem Pferd in einer Kurve besonders schwer fällt, wird es eben genau dann entlastet. Dies nennt man „auf dem richtigen Fuß" leichttraben, also dann aufstehen, wenn das innere Hinterbein vorgeführt wird. Da dieses Bein wegen der diagonalen Fußung im Trab immer dieselben Bewegungen durchführt wie das äußere Vorderbein, sieht der Reiter kurz über die äußere Schulter des Pferdes nach unten und kontrolliert, ob seine Aufwärtsbewegung synchron mit der Vorwärtsbewegung des Vorderbeins erfolgt. Trabt er auf dem falschen Fuß leicht, sitzt er beim nächsten Mal zwei Stöße aus statt nur einen und steht dann wieder auf, schon stimmt der Takt. Im Gelände gibt es kein „innen" und „außen", deshalb wechselt der Reiter bei längeren Trabreprisen alle paar hundert Meter den Fuß. Er achtet stets darauf, nicht zu weit aufzustehen, also keinesfalls bis zur völligen Streckung in Hüfte und Knie, sondern die Wege auf und ab klein zu halten. Ohne Winkelung würde es ihm nicht möglich sein, in der Bewegung federnd und elastisch zu bleiben, zudem ist der Kraftaufwand um so höher, je mehr der Reiter aus dem Sattel aufsteht.

Mit vorfühlender Hand und leicht entlastendem Sitz lassen sich Hindernisse besser überwinden.

Welchen Sitz brauche ich wo und wann?

Immer passt der Reiter seinen Sitz flexibel

- der Geländestruktur,
- dem Ausbildungsstand seines Pferdes,
- dem eigenen Ausbildungsstand,
- der aktuellen Qualität des Gangwerks seines Pferdes sowie
- der jeweiligen Aufgabenstellung an.

Der Grundsitz wird im Schritt im flachen Gelände und auf ebenem Geläuf, zum Wechseln von Gangarten und vom fortgeschrittenen Reiter auf Pferden mit abgeschlossener Grundausbildung auch im Trab und Galopp in der Bahn eingenommen. Der Entlastungssitz wiederum ist der Sitz des Reitanfängers im Trab und Galopp beim Reiten im Gelände ebenso wie in der Bahn. Dem Reitanfänger ist es auch gestattet, zumindest anfangs Übergänge im Entlastungssitz zu reiten. Der fortgeschrittene Reiter nimmt den Entlastungssitz zur Überwindung von Steil- oder Gefällstrecken, bei Geländeunebenheiten (Windbruch, tiefe Furchen, Schlamm) auch im Schritt ein. Der Entlastungssitz bietet sich außerdem für das Reiten schnellerer Gangarten sowie während der Grundausbildung junger Pferde an. Der Entlastungssitz im Trab und Galopp wirkt lösend und unterstützt die Dehnungshaltung des Pferdes, während der Grundsitz treibend wirkt und die Aufrichtung des Pferdes fördert.

Sitzen wie auf einem Stuhl: Die Ausbilderin demonstriert den Stuhlsitz.

Sitzen geblieben

Zwei verbreitete Sitzfehler können Reiter und Pferd das Leben schwer machen und behindern beide bei der Suche nach einem losgelassenen, natürlichen Gleichgewicht. Beim Stuhlsitz ist der Schwerpunkt des Reiters nach hinten verlagert, er sitzt hinter der Bewegung und sieht für den Betrachter ungefähr so aus, als säße er auf einem Stuhl – daher der Name. Der Spalt wird nicht oder zu wenig belastet, statt dessen macht der Reiter es sich auf den Gesäßknochen gemütlich. Meist zieht er dabei die Knie hoch, die Unterschenkel rutschen nach vorne und können nicht mehr treiben. Oft werden die Zügelfäuste zu hoch genommen oder vor den Bauch gezogen. Manchmal liegt die Ursache für diesen Fehler in zu kurzen oder zu weit vorne angebrachten Steigbügelriemen, auch falsch verstandenes Einwirken mit dem Kreuz kann zu dieser Rücklage führen. Kleiner Tipp: Stellen Sie sich vor, man könne Ihnen das Pferd schwuppdiwupp unterm Hintern weg zaubern. Sitzen Sie im Stuhlsitz, landen Sie dann auf der Kehrseite, beim korrekten Sitz stehen Sie dagegen immer fest auf beiden Füßen.

In die andere Richtung verläuft die Verlagerung des Gleichgewichts beim Spaltsitz. Jetzt wird der Spalt übermäßig, werden die Gesäßknochen nicht oder nur wenig belastet. Der Reiter sitzt vor der Bewegung und kann seine Balance nur halten, indem er sich

Auch so wäre es falsch: Hier wird der Spaltsitz demonstriert.

am Zügel festklammert. Die Beine sind fast oder völlig durchgestreckt, der Reiter federt nicht mehr und sitzt mit hochgezogenem Absatz. Oft sind zu lange Steigbügel die Ursache für den Spaltsitz, auch Rückenschmerzen des Reiters können zu einer Schonhaltung führen und diesen Fehler begünstigen. Manchmal wird der Spaltsitz auch nur zeitweise gezeigt, etwa als Sitzfehler im Entlastungssitz, beim Loben des Pferdes (der Reiter neigt sich nach vorne, um sein Pferd zu kraulen, und verlagert dabei sein Gleichgewicht, oft auch mit klammernden Unterschenkeln) oder beim Überwinden von Geländeunebenheiten. Zaubern Sie einem im Spaltsitz reitenden Menschen das Pferd weg, verliert er das Gleichgewicht und landet auf der Nase.

Halten wir fest:

Der Entlastungssitz ist die beim Signalreiten besonders häufig eingenommene Sitzvariante. Sie unterstützt den noch jungen Reiter bei der Suche nach dem Gleichgewicht im Sattel und schont dabei das Pferd.
Der Geländereiter und der Ausbilder junger Pferde nutzt den Entlastungssitz, um sein Pferd mit schwingendem, freien Rücken schonend zu bewegen.

6 Unterwegs mit Schwung und Gefühl

Wir kennen inzwischen die typischen Merkmale des Signalreitens und wissen, dass diese Reitweise vor allem durch ihren Pragmatismus überzeugt: Immer steht die Frage im Raum, was Reiter und Pferd am meisten nützt, wie besonders effektiv und sinnvoll geritten oder trainiert werden kann. Wie lässt sich dies nun in die Praxis, in den gemeinsamen Alltag von Reiter und Pferd umsetzen?

So wenig wie möglich

Stellen Sie sich folgende Situation vor: Ihre beste Freundin oder Ihr bester Freund und Sie unternehmen fast täglich ausgedehnte Streifzüge in die Umgebung. Es hat sich eingespielt, dass Sie meist am Nachmittag vorbeikommen und ihn oder sie abholen. Sie stehen also vor der Haustür, Ihre Freundin öffnet und sieht Sie. Was tun Sie? Vermutlich werden Sie fragen „Sollen wir?", „Hast Du Lust auf unseren Spaziergang?" oder „Kommst Du?", möglicherweise werden Sie sogar nur mit fragender Miene die Augenbrauen hochziehen. Ohne lange Erklärung weiß Ihr Gegenüber um Ihr Anliegen.

Unterwegs werden Sie sich bei Wegkreuzungen oder anlässlich anderer Entscheidungen entweder, als eingespieltes Team, ohne Absprache gleichzeitig für eine Möglichkeit entscheiden, oder es wird Ihnen wieder ein kurzer Gedankenaustausch, der mit wenigen Worten oder Gesten auskommt, zur Entscheidungsfindung reichen. Rein theoretisch könnten Sie natürlich Ihre Begleitung auch am Ärmel packen, bei jedem Schritt daran ziehen oder ununterbrochen auf sie einreden: „Kommst du? Jetzt komm schon! Noch ein Schritt, und noch einer, und noch einer ...!" Könnten Sie, werden Sie aber nicht. Warum nicht? Es ist nicht notwendig, und es nervt! Ihre Begleitung ist durchaus in der Lage, selbständig einen Fuß vor den anderen zu setzen, und bleibt aus Freude an Ihrer Gesellschaft und am gemeinsamen Tun auch freiwillig bei Ihnen. Die Parallele zur täglichen Arbeit von Pferd und Reiter ergibt sich wohl von selbst, ohne dass weitere Erklärungen meinerseits notwendig wären – auch das würde schließlich den Prinzipien des Signalreitens widersprechen ...

Kurz und knackig

Mit den Mitteln des Signalreitens ist es möglich, bei der Arbeit unter dem Sattel Tempo und Richtung zu bestimmen. Hilfen können also gegeben werden, um

- das Tempo zu erhöhen, indem die Gangart gewechselt oder das Gangmaß verändert wird;
- das Tempo zu verringern, indem die Gangart gewechselt oder das Gangmaß verändert wird;
- das Pferd geradeaus, nach rechts oder links zu lenken.

Dazu nutzt der Reiter

- Schenkelhilfen,
- Gewichtshilfen,
- Zügelhilfen,
- Stimmhilfen sowie
- über die Reitgerte vermittelte Hilfen.

Im Signalreiten kennen wir treibende, verhaltende und lenkende Hilfen, wobei treibende und verhaltende Hilfen nur hintereinander, nicht gleichzeitig gegeben werden. Hilfen werden nur eingesetzt, um dem Pferd ein neue Anweisung zu übermitteln, dazwischen verhält der Reiter sich passiv (kontaktfreie Phase).

Auch das nicht permanent an den Hilfen stehende Pferd ist keineswegs unkontrolliert!

Rufen wir uns kurz die Prinzipien des Signalreitens ins Gedächtnis zurück:

- Alle Hilfen haben den Charakter von kurzen, eindeutigen Signalen, die das Pferd zur sofortigen Durchführung bestimmter Anweisungen auffordern; immer besteht eine Tendenz zur Reduktion aller Hilfen auf das unbedingt nötige Maß.
- Werden diese Befehle weisungsgemäß durchgeführt und gibt es kei-

nen Anlass für Korrekturen, verhält der Reiter sich passiv; die Hilfengebung erfolgt also nach dem Motto „So viel wie nötig, so wenig wie möglich".

- Es werden nie treibende und verhaltende Hilfen gleichzeitig gegeben; die Trainingsinhalte beschränken sich also zwangsläufig auf Übungen, die mit diesen Mitteln durchführbar sind und schließen (zunächst) alle Lektionen aus, die nach einer Kombination von treibenden und verhaltenden Hilfen verlangen.
- Kennzeichnend ist außerdem ein auf größtmögliche Entlastung von Pferd und Reiter zielender Sitz.

Steht das Pferd nicht dauernd im Sinne des konventionellen Reitens an den Hilfen, ist es trotzdem während dieser kontaktfreien Phasen keineswegs unkontrolliert. Es wird lediglich nicht andauernd erneut dazu aufgefordert, das zu tun, was es gerade sowieso tut, und es wird nicht im klassischen Sinne versammelt. Die Tendenz zur Reduktion aller Hilfen kann langfristig nur durchgehalten werden, wenn der Reiter sein Pferd gleichzeitig ausbildet und erzieht. Er sollte darauf achten, in den schnellen Gangarten Trab und Galopp stets ein angenehm zu sitzendes, gleichmäßiges Gangmaß zu verlangen, vergleichbar mit dem Jog und Lope des Westernpferdes.

Vor einem Wechsel der Gangart (Trab > Galopp, Galopp > Trab, Trab oder Galopp > Schritt) geht der Reiter immer in den Grundsitz über. Ausgenommen sind allerdings Reitanfänger, sie dürfen gerne im Entlastungssitz bleiben, bis das Pferd zum Schritt durchpariert hat – Pferdemaul und Pferderücken freuen sich.

Beide würden durch das in der Anfangszeit unvermeidliche Ungeschick des Reitanfängers belastet, der beim Übergang vom Entlastungssitz in den Vollsitz nicht weich einsitzen kann, sondern dem Pferd in den Rücken fällt oder sich am Zügel festhält, was wiederum als unverständlicher Insterburger im Pferdemaul ankommt. Da ein solcherart belastetes Pferd eher dazu neigt, das Tempo zu verstärken – Pferde laufen instinktiv dem Schmerz davon oder versuchen es zumindest – würde das Durchparieren erheblich erschwert.

Schneller, bitte!

Um aus dem Halten anzureiten, innerhalb einer Gangart das Tempo zu beschleunigen oder um in eine schnellere Gangart zu wechseln, werden treibende Hilfen gegeben. Der Reiter legt kurz, aber bestimmt die Schenkel an, ohne jedoch zu klopfen oder mit den Fersen zu hacken. Gleichzeitig bewegt sich sein Oberkörper ein wenig nach vorne, wobei sich sein Gewicht im Sattel von den Sitzbeinhöckern auf den Spalt verlagert. Die Zügelhand oder bei beidhändiger Zügelführung beide Fäuste bewegen sich synchron mit dem

Und los geht´s: Damit das Pferd ungestört beschleunigen kann, müssen die Zügel genügend Spiel haben.

Oberkörper nach vorne, wodurch die Zügel etwas mehr Luft bekommen. Dies ist keine nachgebende Zügelhilfe im eigentlichen Sinne, denn es wird ja kein zuvor bestehender Kontakt aufgegeben oder verringert. Bei jedem Schritt wird das sich frei tragende Pferd eine nickende Kopfbewegung durchführen, durch die sich der Winkel zwischen Hals und Kopf abflacht und wieder verengt, der Abstand zwischen Zügelfaust und Gebissring verlängert und verkürzt. Blieben die Zügelhände in ihrer Position, würde die Vorwärtsbewegung des Pferdes dadurch behindert, dass es mit dem ersten Schritt Kontakt mit der Zügelfaust bekommt, sich also quasi selbst eine verhaltende Zügelhilfe gibt. Wird der Zügel aber durch die mit dem Oberkörper leicht nach vorne geführte Hand verlängert, besteht auch in der Phase maximaler Öffnung des Ganaschenwinkels kein Zügelkontakt.

Einleitend oder gleichzeitig mit den treibenden Hilfen – Schenkeldruck, entlastende Gewichtshilfe, nachgebende Zügelhand – sollte der Reiter eine Stimmhilfe einsetzen. Wählt er für jede Gangart eine eigene Stimmhilfe, unterstützt er dabei die aufmerksame Mitarbeit seines Pferdes. Es ist aber auch möglich, als treibende Hilfe grundsätzlich nur ein Signal zu verwenden, etwa ein leichtes Schnalzen, und als verhaltende Stimmhilfe ein anderes, ein leises Pfeifen oder ein langgezogenes „Hoooo“ oder „Schschsch“. Wie auch immer der Reiter sich entscheidet, er sollte sein Pferd nicht dadurch verwirren, dass er für denselben Befehl heute dieses, morgen ein anderes Signal einsetzt.

Reagiert das Pferd auf die korrekt eingesetzten treibenden Hilfen nicht prompt, gibt der Reiter sie ein zweites Mal in derselben Intensität und setzt gleichzeitig seine Gerte ein. Dazu liegt diese parallel zum Pferderumpf auf dem Oberschenkel des Reiters und zeigt nach hinten, die Spitze muss mindestens die Mitte der Kruppe erreichen. Mit einer leichten, drehenden Handbewegung wird die Kruppe touchiert, während gleichzeitig die treibenden Hilfen eingesetzt werden. Reagiert das Pferd wieder nicht, werden die treibenden Hilfen erneut gegeben und nun mit einer sehr deutlichen Gertenhilfe kombiniert.

Nie sollte der Reiter bei fehlender oder mangelhafter Reaktion seines Pferdes dazu übergehen, seine treibenden Hilfen immer drängender, immer häufiger zu geben, da dies das Pferd langfristig abstumpft. Vielmehr wird die sofortige Reaktion des Pferdes nachdrücklich eingefordert mit dem Ziel, beim nächsten Mal wieder mit den gewöhnlichen, feinen Hilfen ohne Unterstützung durch die Gerte auszukommen.

Langsamer, bitte!

Um ein Pferd aufzufordern, innerhalb einer Gangart sein Tempo zu verlangsamen oder in eine langsamere Gangart durchzuparieren, gibt der Reiter verhaltende Hilfen. Die Reduzierung des Tempos wird eingeleitet, indem der Reiter die Zügel verkürzt, ohne jedoch Kontakt zum Pferdemaul aufzunehmen. Bei beidhändiger Zügelführung ergreift er mit Daumen und Zeigefinger der linken Hand den rechten Zügel dort, wo er die rechte Zügelfaust verlässt, und hält ihn am Platz, während die rechte Faust am Zügel entlang in Richtung Pferdemaul rutscht und den Zügel wieder erfasst, wobei der rechte Arm nun etwas gestreckter gehalten wird. Dieser Vorgang wird mit dem linken Zügel wiederholt. Nun ist der Reiter in der Lage, durch leichtes Zurücknehmen der Hände Kontakt zum Pferdemaul herzustellen.

Nach dieser Vorbereitung sitzt der Reiter ein, falls er zuvor leicht getrabt oder im Entlastungssitz geritten ist (Ausnahme: Reitanfänger). Der Kontakt zum Pferdemaul wird nun hergestellt, indem der Reiter den ganzen Arm aus dem Schultergelenk heraus leicht nach hinten nimmt, wobei sich die Ellbogen tendenziell am Rumpf vorbei nach hinten bewegen. In der Praxis ist bei versierten Reitern sicher nur eine unmerklich leichte Rückwärtsbewegung nötig, doch sollte von Anfang an darauf geachtet werden, dass die Richtung der Rückwärtsbe-

Um mit weicher Hand Kontakt herstellen zu können, werden zunächst die Zügel verkürzt

wegung am Körper des Reiters vorbei geht und nicht etwa die Zügelfäuste vor den Bauch genommen werden – dort geht es im Falle eines Falles eben nicht mehr weiter, zudem verstärkt diese Körperhaltung die Tendenz zur Entwicklung von Sitzfehlern. Bei einhändiger Zügelführung muss darauf geachtet werden, dass die Zügel nicht zu lang sind, da ansonsten durch leichtes Zurücknehmen der Faust kein Kontakt hergestellt werden kann. Gleichzeitig mit der verhaltenden Zügelhilfe und dem belastenden Sitz sollte eine Stimmhilfe gegeben werden, die das Pferd zum Anhalten („Whoa!" der Westernreiter oder „Haaaalt!"), Verlangsamen („Laaaangsaaaam!" oder „Schschsch!") oder Durchparieren („Und Scheeeritt!") auffordert. Auf die gewünschte Reaktion muss die Reiterhand sofort nachgeben, damit sich das Pferd im Stand wieder selbst ausbalanciert. Zusätzlich lobt der Reiter, wie er es nach jeder im Ansatz richtigen Reaktion seines Pferdes tun sollte.

Kleiner Exkurs: Geht mein Pferd durch?

Erfahrungsgemäß ist die „Bremse" beim Reiten oft problematischer in der Bedienung als das „Gaspedal". Um Situationen, in denen das Pferd nicht

Damit aus dem Galopp übers Stoppelfeld keine Raserei wird, nimmt der Reiter kurz die Zügel an.

wunschgemäß auf das Signal zur Verlangsamung reagiert, richtig einschätzen zu können, bedarf es viel Erfahrung. Oft wird ein etwas frischer als erwünscht ausfallender Galopp vom unerfahrenen Reiter als Durchgehen interpretiert oder das junge Pferd in seinem Arbeitseifer aus Angst übermäßig gebremst, was langfristig fatale Folgen haben kann.

Ein wirklich durchgehendes Pferd wird völlig haltlos rennen, auf seinen Reiter überhaupt nicht mehr reagieren und auch drohende Gefahren nicht mehr wahrnehmen. Durchgehen ist eine sehr gefährliche Kurzschlussreaktion des Pferdes, die allerdings nie ohne gewichtige Gründe auftritt. Schmerzen und Angst sind dabei die häufigsten Ursachen, allerdings kann sich dieses Problemverhalten auch verselbständigen und dann unvermittelt auftreten, ohne dass eine Ursache erkennbar scheint – für das betroffene Pferd ist nun allein das Gerittenwerden zum Auslöser geworden.

Was ist zu tun, wenn mein Pferd auf das Signal zum Verlangsamen nicht wie gewünscht reagiert? Zunächst sollte der Reiter davon ausgehen, dass er nicht verstanden worden ist. Er überprüft die Länge der Zügel – vielleicht sind sie ja zu locker und es konnte kein Kontakt hergestellt werden – und pariert dann erneut durch. Dabei können viele kurze Zügelhilfen in rascher Folge gegeben werden, ähnlich der Stotterbremse beim Autofahren. Der Reiter stellt also immer wieder Kontakt her und gibt dann wieder deutlich nach, macht es dem Pferd dadurch immer wieder möglich, neu auf seine Hilfe zu reagieren. Keinesfalls darf der Reiter sich mit Gewalt in die Zügel hängen und dabei den Oberkörper zurücklehnen. Die Vorstellung, ein Pferd alleine mit Körperkraft anhalten zu können ist angesichts des ungleichen Gewichtsverhältnisses zwischen Reiter und Pferd völlig unsinnig. Wir alle kennen die Geschichte von Münchhausen, der sich und sein Pferd am eigenen Schopf aus dem Sumpf zog – ebenso unsinnig ist der Versuch des Reiters, das haltlose Pferd mittels Muskelkraft anhalten zu wollen. Allerdings kann insbesondere bei einhändiger Zügelführung und relativ langem Zügel eine Notbremse gute Dienste leisten. Blitzschnell nimmt der Reiter die Zügelhand hoch, während die andere Hand beide Zügel etwa auf Höhe des Widerristes ergreift und sofort Kontakt herstellt. Deutliches Einsitzen verstärkt diesen Effekt noch, das Pferd sollte nun mit untergesetzter Hinterhand zum Stehen kommen.

Reagiert ein galoppierendes Pferd nicht auf die Aufforderung zum Durchparieren, kann es hilfreich sein, einen Zügel kürzer zu fassen, und zwar den rechten bei Rechtsgalopp, den linken bei Linksgalopp. Begrenzt der kürzer gefasste Zügel die jeweils weiter vor-

Nicht bei jedem Pferd kann zu jeder Zeit auf ein Reithalfter verzichtet werden: Sicherheit geht vor!

greifende Vorhand, kann dies den nötigen Impuls zum Verlangsamen in den Trab liefern. Weitere oft genannte Tricks sind das Abwenden auf einen Zirkel oder das kurzzeitige Freigeben des Zügels, kombiniert mit treibenden Hilfen, die jedoch alle in der Praxis kaum durchführbar sind. Der Vorbeugung kommt deshalb die größte Bedeutung zu.

Hat ein Pferd grundsätzlich Probleme mit verwahrenden Hilfen, sollten schnellere Gangarten im Gelände nur auf kurzen Strecken, vielleicht nur für ein paar Sprünge oder Tritte geritten werden. Der stete Wechsel der Gangart erhält es aufmerksamer, während sich insbesondere temperamentvolle Pferde gerade auf längeren Strecken schnell aufheizen und das Rennen angewöhnen. Auch kann der Reiter an Orten angaloppieren oder antraben, die in ihrer Geländestruktur so beschaffen sind, dass sie das baldige Durchparieren begünstigen, etwa steile Strecken bergauf, stark gebogene Wege, T-Kreuzungen oder optische Hindernisse (Waldrand, dunkle Hecke). Möglicherweise sperrt sein Pferd und sollte ein Reithalfter tragen, bis seine Reaktionen auf verwahrende Hilfen besser durchkommen. Begleitet ein ruhiger, gehorsamer Kollege den vierbeinigen Feuerstuhl im Gelände und geht bei schnelleren Strecken auf einem schmalen Weg voran, kann dies hilfreich sein und einen baldigen Lernerfolg bringen. Besteht die Möglichkeit, das noch ungenügend auf verwahrende Hilfen reagierende Pferd als Handpferd mit ins Gelände zu nehmen – mit oder ohne Reiter – kann dies ebenfalls die Sicherheit verbessern, bis das Pferd wunschgemäß auf die Hilfen reagiert. Beim echten Durchgänger steht jedoch immer die Suche nach den Ursachen im Vordergrund.

Sonderfall Angaloppieren

Beim Angaloppieren weicht der Reiter von den sonst gültigen Regeln der Hilfengebung zum Beschleunigen ab, denn treibende Hilfen bei losem Zügel alleine reichen in der Praxis oft nicht aus. Sie könnten das trabende oder Schritt gehende Pferd dazu veranlassen, entweder im schnellen Tempo davon zu traben, ohne jedoch anzugaloppieren, oder unkontrollierbar schnell zu galoppieren.

Ein größeres Maß an Kontrolle ist außerdem notwendig, um den Handgalopp zu beeinflussen. In der Reitbahn wird auf der linken Hand links angaloppiert, auf der rechten rechts, und auch im Gelände wird der Reiter es nicht seinem Pferd überlassen, den Galopp selbst zu wählen. Pferde bevorzugen meist eine Hand und werden ohne Anweisung des Reiters stets auf dieser Hand angaloppieren, was sich langfristig negativ auf ihre Durchlässigkeit und Geschmeidigkeit auswirkt – das Pferd wird einseitig steif. Eine Galopphilfe muss das Pferd also eindeutig auffordern, in den Galopp über-

Die korrekten Hilfen zum Angaloppieren gehen über das einfache „Schneller, bitte!“ hinaus.

zugehen und ihm außerdem sagen, ob es rechts oder links angaloppieren soll. Dazu werden Schenkelhilfen, Gewichtshilfen und Zügelhilfen gleichzeitig und in nicht symmetrischer Weise gegeben, was eine recht gute Koordination erfordert.

Betrachtet man die Art und Weise, wie ein galoppierendes Pferd seine Beine bewegt, so fällt auf, dass es beim Rechtsgalopp mit dem rechten Vorderbein, beim Linksgalopp mit dem linken Vorderbein weiter ausgreift als mit dem der anderen Seite. Auch das jeweils innere Hinterbein wird deutlich weiter nach vorne geführt als das äußere. Begrenzt der Reiter nun mit geeigneten Mitteln das äußere Beinpaar und fordert gleichzeitig das innere durch treibende Hilfen zum vermehrten Vorgreifen auf, kann er so sein Pferd im gewünschten Handgalopp anspringen lassen.

Zunächst geht der Reiter falls nötig aus dem Entlastungssitz in den Vollsitz über und belastet dann die innere Seite des Pferdes stärker, indem er den Steigbügel deutlicher austritt und sein

Zum Angaloppieren treibt der innere Schenkel am Gurt ...

... während der äußere deutlich zurückgenommen wird

Gewicht im Sattel etwas nach innen verlagert. Der äußere Schenkel des Reiters wird zurückgenommen und liegt in verwahrender Position hinter dem Gurt, während der innere am Gurt bleibt und dort treibt. Diese asymmetrische Art der Hilfengebung unterstützt das innere Beinpaar und begrenzt das äußere. Zusätzlich kann der Reiter die innere Schulter seines Pferdes frei machen, indem er vor dem Moment des Angaloppierens außen eine einseitige Zügelhilfe gibt. Er nimmt kurzzeitig Kontakt auf und stellt sein Pferd leicht nach außen, muss aber natürlich darauf achten, dass im Angaloppieren kein Kontakt besteht. Bei solider Grundausbildung wird der zurückgelegte äußere Schenkel alleine bald ausreichen, um das Pferd im korrekten Galopp angaloppieren zu lassen.

Gelingt es dem Reiter nicht, sein Pferd stets im gewünschten Galopp gehen zu lassen, greift er in die Trickkiste: Zunächst versucht er, über den äußeren Zügel die Außenstellung auch im Moment des Angaloppierens beizubehalten. Es kann auch hilfreich sein, wenn der Reiter die äußere Seite seines Pferdes stärker belastet statt der inneren, da die innere Vorhand dann durch die Entlastung leichter vorgreifen kann. Ein weiterer bewährter Trick ist das Angaloppieren in einer Schlangenlinie: Will der Reiter rechts angaloppieren, lenkt er sein Pferd erst vom linken Wegrand deutlich zum rechten Wegrand, schwenkt dann um und gibt in dem Moment die Hilfe zum Angaloppieren, in dem sich sein Pferd dem linken Wegrand zugewendet hat. Die linke Körperseite ist nun durch die enge Wendung blockiert, das Pferd kann eigentlich nur noch rechts angaloppieren. Welche Hilfen beim individuellen Pferd zum Erfolg führen, muss der Reiter mit der Zeit erfühlen.

Halten wir fest:

Mit treibenden und verhaltenden Hilfen werden Pferde beschleunigt oder verlangsamt. Dazu setzt der Reiter Zügel, Schenkel, Gewicht, Stimme und Gerte ein und wählt eine Sitzvariante, die dem Pferd seine Arbeit erleichtert.

7 Lenkung light

Im Gelände nutzt der Reiter natürliche Strukturen, um sein Pferd effektiv zu biegen.

Wer reitet, muss nicht allein das Tempo, sondern auch die Richtung bestimmen, und dies nicht nur aus Gründen der Sicherheit. Durch das Reiten auf gebogenen Linien wird das Pferd auf ebenso einfache wie effektive Weise gymnastiziert, da es seinen Körper entsprechend der Linienführung biegt, vor allem mit der äußeren Schulter freier ausgreift und mit dem inneren Hinterbein aktiv unter den Schwerpunkt tritt. Das Reiten auf gebogenen Linien ist möglich, ohne von den Grundprinzipien des Signalreitens abzuweichen. Ihm kommt auch deshalb eine so große Bedeutung zu, weil andere gymnastizierende Lektionen wie etwa Schulterherein mit den Mitteln des Signalreitens alleine nicht durchgeführt werden können. Junge Pferde und junge Reiter müssen lernen, in der Bahn wie auch im Gelände mit geringen Mitteln eine saubere, kontrollierte Linienführung beizubehalten. Dazu bedient man sich in der Bahn vorwiegend der Hufschlagfiguren wie Zirkel, Volte, einfache oder doppelte Schlangenlinie, Schlangenlinien durch die ganze Bahn, Kehrtvolte und anderem mehr. Im Gelände sucht der Reiter aktiv nach Möglichkeiten, sein Pferd auf gebogenen Linien zu reiten, etwa durch Schlangenlinien auf ausreichend breiten, ebenen Wegen, Volten um natürliche Geländestrukturen oder langgezogene Achten, also zwei Kehrtvolten mit dazwischen liegender Wegstrecke.

Pferde, die auf vermeintlich natürliche Weise immer nur geradeaus geritten werden, fallen unweigerlich auf die Vorhand und büßen zunehmend an Beweglichkeit ein, auch an geistiger! Ihr inaktiver Rücken kann das Reitergewicht nicht aufnehmen, Schäden am knöchernen Trageapparat sind unweigerlich vorprogrammiert. Wer auch in bester Absicht sein Pferd unbeeinflusst nur auf der Geraden bewegt, reitet nicht, sondern wird zum bloßen Passagier.

Das Spiel mit dem Gleichgewicht

Stellen Sie sich folgende Situation vor: Sie sind auf einer Wanderung und tragen einen angenehm sitzenden, nicht zu schweren Rucksack auf dem Rücken. Das darin untergebrachte Gepäck liegt allerdings nicht passiv am Platz, sondern bewegt sich. Verlagert es sich für einen Moment nach rechts, werden Sie selbst einen Schritt nach rechts tun, rutscht es auf die linke Seite, gehen Sie auch ein Stück nach links. Immer werden Sie automatisch die Gewichtsverlagerung Ihres Gepäcks ausgleichen, um wieder ins Gleichgewicht zu kommen. Die Betonung liegt auf „automatisch", denn es handelt sich um eine reflexartig durchgeführte Reaktion, die keiner Anweisung, keiner Überlegung bedarf.

Nach dem gleichen Prinzip funktioniert der Einsatz von Gewichtshilfen beim Reiten auf gebogenen Linien. Der Reiter verlagert sein Gewicht ein wenig nach innen, in Richtung auf die durchzuführende Wendung, und sein Pferd wendet automatisch nach innen, um unter den Schwerpunkt zu treten. Von diesem Grundprinzip wird nicht abgewichen, es funktioniert bei engen Kehrtwendungen ebenso wie beim Reiten auf schwach gebogenen Linien.

Um sein Gewicht in die Richtung der Wendung zu verlagern, tritt der Reiter den inneren Steigbügel vermehrt aus und belastet gleichzeitig den inneren Gesäßknochen, falls er im Vollsitz reitet. Dazu neigt er sich ein wenig in die ein einzuschlagende Richtung und hält seine Schultern parallel zu den Schultern des Pferdes. Bei der Belastung des inneren Steigbügels darf er allerdings nicht das innere Bein strekken, da sich sonst sein Gesäß aus dem Sattel heben würde.

Kontraproduktiv ist auch ein Sitzfehler, der als „Einknicken in der Hüfte" bezeichnet wird und der es dem Pferd unmöglich macht, in die gewünschte Wendung einzugehen. Dabei neigt der Reiter den Oberkörper zwar in die Wendung, rutscht aber mit dem Gesäß in die Gegenrichtung und be-

Beim Reiten auf gebogenen Linien dominiert die Gewichtsverlagerung als wichtigste Hilfe.

lastet dadurch unabsichtlich den äußeren Steigbügel, den äußeren Gesäßknochen.

In der Praxis kombiniert der Reiter seine Gewichtshilfen mit geeigneten Zügelhilfen, die allerdings in der Durchführung je nach Ausbildungsstand des Pferdes unterschiedlich ausfallen können. In der Phase der Grundausbildung, bei beidhändiger Zügelführung, nimmt der Reiter seine innere Hand deutlich nach innen, weg vom Hals des Pferdes, und lenkt durch diese Seitwärtsbewegung bei nachgebendem äußeren Zügel das Pferd in die Wendung. Die innere Hand des Reiters stellt die Pferdenase impulsartig immer wieder nach innen, in Richtung der gewünschten Wendung, ohne jedoch Dauerkontakt herzustellen. Die Länge des äußeren Zügels wird gleichzeitig so bemessen, dass er in der Wendung am Pferdehals anliegt, aber keinen Zug im Pferdemaul ausübt.

Der Reiter muss diese Zügelhilfe immer mit einer eindeutigen Gewichtshilfe verbinden, da sein Pferd sonst dem führenden inneren Zügel nicht gehorcht und über die äußere Schulter geradeaus weiter läuft. Dieses

Ausfallen über die Schulter ist ein schwerer Fehler, der sich, einmal vom Pferd gelernt, nur schwer wieder korrigieren lässt. Aus diesem Grund setzt der Reiter zusätzliche Mittel ein, durch die das Ausfallen verhindert wird. Der äußere Zügel unterstützt die Wendung, er begrenzt die Außenseite des Pferdes, ebenso wie der leicht zurückgenommene, sanft anliegende äußere Schenkel. Bei korrekter Hilfengebung wird das Pferd so durch Zügel und Schenkel auf der gebogenen Linien eingerahmt, wobei alle Hilfen es in eine Richtung lenken. Vor allem in der Lernphase darf der Reiter seine Anweisungen auch mit der außen vor das Pferdeauge geführten, leicht wedelnden Gerte unterstützen.

Um dem Pferd die Bedeutung der eingesetzten Hilfen klarer zu machen, kann der Reiter anfangs eine Bande oder ein anderes optisch gut erkennbares Hindernis zu Hilfe nehmen. Er reitet zielstrebig genau auf das Hindernis zu, wendet sein Pferd mit überdeutlicher Hilfengebung kurz davor und reitet in Gegenrichtung zurück, ein Vorgang, den auch geistig weniger bewegliche Pferde durchaus logisch finden werden. Enge Wendungen gegen ein Hindernis vor oder seitlich neben dem Pferd unterstützen nicht nur den Lernprozess, sondern setzen das Pferd übrigens auch auf die Hinterhand.

Mit der Zeit kann die Gewichtsverlagerung in ihrer Intensität allmählich

Die Wendung gegen ein optisches Hindernis erleichtert dem noch wenig ausgebildeten Pferd das Verständnis.

zurückgenommen werden. Auch die Zügelhilfe wird dem zunehmenden Ausbildungsstand des Pferdes angepasst. Es lernt, den am Hals anliegenden äußeren Zügel mit einer Wendung nach innen zu assoziieren, dem Druck des Zügels also nach innen auszuweichen.

Ist dieser Ausbildungsstand erreicht, kann der Reiter zur einhändigen Zügelführung übergehen. Eine Wendung wird nun mit gleich lang gefassten Zügeln möglich, indem der Reiter die Hand innen zur Seite führt oder die aufgelegte Zügelfaust leicht nach innen dreht. Nun legt sich der äußere, auch indirekt genannte Zügel außen an den Hals und lässt das Pferd nach innen ausweichen. Unterstützt wird diese Zügelhilfe jedoch immer von einer leichten Gewichtsverlagerung.

Die Hilfengebung in der Wendung in der Zusammenfassung:

- Es dominiert die Gewichtsverlagerung nach innen,
- unterstützt zunächst von einer beidhändigen Zügelhilfe, indem die innere Hand die Pferdenase mit kurzem Impuls in die Wendung stellt und der äußere Zügel so weit

Die Zügelführung beim weiter ausgebildeten Pferd entspricht weitestgehend der beim Westernreiten.

nachgibt, dass er am Hals anliegt, jedoch keinen Zug auf das Pferdemaul ausübt,

- später von einer einhändig durchgeführten Zügelhilfe, bei der das Pferd nun dem äußeren, indirekten Zügel gehorcht,
- zusätzlich begrenzt der sanft anliegende, leicht zurückgenommene äußere Schenkel die Hinterhand.

Diese Form der Hilfengebung entspricht weitgehend der beim Westernreiten. Auch hier gehorcht das Pferd dem äußeren, am Hals liegenden indirekten Zügel, dem es nach innen ausweicht. Dieses „Neck Reining" ist in seiner einhändig durchgeführten Reinform aber erst dann anzuwenden, wenn es der Ausbildungsstand des Pferdes erlaubt. Muss der Reiter zu grob agieren, weil sein Pferd das Prinzip noch nicht verstanden hat, wird er automatisch außen Zug auf das Pferdemaul ausüben und sein Pferd damit verwirren.

Auch Fehler wie das bereits erwähnte Ausfallen über die Schulter oder ein Fallen auf die innere Vorhand in der Wendung sind oft das Resultat einer überhasteten Ausbildung und müssen unbedingt vermieden werden.

Halten wir fest:

Auf der Grundlage einer sinnvollen Gewichtsverlagerung erarbeitet der Reiter eine Hilfengebung beim Reiten auf gebogenen Linien, die ihm später den Übergang zur einhändigen Zügelführung erlaubt.
Dem Reiten auf gebogenen Linien kommt im Rahmen des Signalreitens wegen der insgesamt eher beschränkten Möglichkeiten gymnastizierenden Reitens eine besondere Bedeutung zu.

8 Was sonst noch geht

Mit dem Reiten der Grundgangarten sind die Möglichkeiten des Signalreitens noch nicht erschöpft. In Kombination mit der Arbeit auf gebogenen Linien erlauben sie allerdings bereits eine recht effektive Gymnastizierung des Pferdes und eine alltagstaugliche Ausbildung. Ergänzt und erweitert wird sie durch die vielleicht wichtigsten Lektionen, die ein Pferd in seinem Berufsleben lernen sollte, das Anhalten und ruhige Stehen und das Rückwärtsrichten. Neben Schritt, Trab und Galopp kennen wir weitere, auch als Spezialgänge bezeichnete Gangarten: Tölt und Töltvarianten sowie Pass und Rennpass. Es stellt sich die Frage, ob und wie diese Gänge beim entsprechend veranlagten Pferd geritten und gefördert werden können.

Wie angewurzelt

Ob an der Hand oder unter dem Sattel: Das ruhige, zuverlässige Stehen ist die vielleicht wichtigste Fähigkeit, die ein sicheres Freizeitpferd auszeichnet. Wie wichtig, merkt der Reiter spätestens dann, wenn er samt Pferd eine viel befahrene Straße überqueren möchte ... Während das im klassischen Sinne korrekt haltende Pferd versammelt an den Hilfen steht, wird beim Signalreiten ein anderes Ziel angestrebt. Ausgehend von der Überlegung, dass ein Pferd ruhiger stehen wird und weniger zu Schreckreaktionen neigt, wenn es sich frei in der Umgebung orientieren kann, werden Kopf und Hals nicht in eine starre Haltung gezwungen. Vielmehr darf das Pferd seinen Kopf ohne Zügelkontakt frei bewegen, wobei der Reiter die Zügellänge so bemisst, dass er, falls nötig, mit einer leichten Bewegung der Hand Kontakt herstellen kann. Das Pferd soll dabei mit allen Vieren wie angewurzelt stehen, darf also weder vorwärts oder rückwärts gehen noch ungeduldig auf der Stelle tänzeln.

Da das Pferd beim Stehen nicht an die Hilfen gestellt wird, muss es lernen, diese Übung ohne ständige Korrektur des Reiters durchzuhalten. Dazu

Das ruhige Stehen am losen Zügel muss immer wieder geübt werden, damit es auch im Ernstfall klappt.

nutzt der Reiter jede sich bietende Gelegenheit, beginnend bereits bei den ersten Lektionen unter dem Sattel und während Trainingseinheiten am Boden. Später erntet der Reiter bei jedem Aufsitzen die Früchte seiner konsequenten Erziehung zum Stillstehen, denn sein Pferd wird ihn am losen Zügel ruhig aufsitzen lassen und auch nach dem Aufsitzen stehen, bis das Signal zum Anreiten kommt.

Auf das gewählte Stimmsignal („Hoooo!" oder „Und Haaaalt!") und die verhaltende Zügelhilfe muss das Pferd stehen, bis ein neues Kommando erfolgt, ganz nach den Grundsätzen des Signalreitens. Jede Bewegung der Gliedmaßen wird korrigiert, bis das Pferd wieder an seinem Platz steht, dann erfolgt erneut das Signal zum Anhalten und die gewohnte Passivität des Reiters. Man erleichtert dem Pferd den Lernprozess, indem man mit jedem Stehen eine positive Stimmung verbindet, sei es durch intensives Lob oder indem eine Ruhepause im Stillstand als Belohnung nach einer gut gelungenen Übung eingeschaltet wird.

Das Rückwärtsrichten dient auch der Erziehung, denn damit unterstreicht der Reiter seinen höheren Rang.

Zurück, marschmarsch!

Das Rückwärtsrichten kann die einzige Übung sein, bei der zumindest anfangs von einem der wichtigsten Grundsätze des Signalreitens abgewichen werden muss. Um einem Pferd begreiflich zu machen, dass es sich rückwärts bewegen soll, muss die Aufforderung zum Angehen – ein treibendes Signal - mit einem rückwärts gerichteten, also verhaltenden Impuls kombiniert werden. Man beginnt bereits bei den ersten Trainingseinheiten mit entsprechenden Übungen, erst einmal am Boden. Das Pferd wird so aufgestellt, dass es an einer Bande seitliche Anlehnung findet, der Ausbilder steht auf Höhe der inneren Schulter. Er verbindet nun ein geeignetes Stimmsignale („Und zuuuuurück!") mit einem Impuls, der das Pferd zum Ausweichen auffordert. Dazu kann er mit dem Gertenknauf die Brust auffordernd berühren, die Gerte wedelnd vor die Augen des Pferdes führen oder mit dem Fuß (sanft, bitte) an die Röhrbeine tupfen. Über den Führstrick vermittelt der Reiter kurze, zupfende Impulse, denen das Pferd nach hinten ausweicht. Tut das Pferd den ersten Schritt, sofort loben, Hilfen einstellen, Führstrick locker lassen! Nach einer kurzen Pause erfolgt der nächste Schritt, wieder gefolgt von einer kurzen Pause, in der sich der Ausbilder passiv verhält und sein Pferd lobt. Später unterstützt der Ausbilder am Boden den aufgesessenen Reiter, dann reichen irgendwann die Reiterhilfen alleine aus.

Beim Rückwärtsrichten unter dem Sattel nimmt der Reiter einen leicht entlastenden Sitz ein, da dem Pferd diese Übung leichter fällt, wenn es seinen Rücken ungehindert aufwölben kann. Eigentlich sollte der Reiter anstreben, sein Pferd später alleine mit einem Stimmsignal und leichtem Zupfen am Zügel rückwärts zu richten, doch wird er in der Praxis möglicherweise zusätzlich eine treibende Hilfe einsetzen müssen. Da diese Übung jedoch ausgesprochen wichtig ist, sei diese Abweichung von den Prinzipien des Signalreitens erlaubt. Der Reiter kombiniert also sein Stimmsignal mit einem leichten Zügelimpuls und aufforderndem Schenkeldruck. Sein Pferd wird, da der Zügel es nicht nach vorne ausweichen lässt, Schritt für Schritt rückwärts treten. Der Reiter achtet darauf, nach jedem Schritt die Zügel zu lockern und sein Pferd nicht rückwärts kriechen, sondern schreiten zu lassen.

Das Rückwärtsrichten dient später vor allem zwei Zwecken: Es fordert das Pferd auf, den höheren Rang des Reiters anzuerkennen, ist also als Unterwerfungsgeste zu verstehen. Und es setzt das Pferd sehr effektiv auf die Hinterhand, verbessert also die Haltung des Pferdes und richtet es vorne auf.

Tölt und Pass - ja, geht denn das?

Den Reiter von Gangpferden wird vor allem interessieren, ob er alleine mit den Mitteln des Signalreitens auch die Spezialgänge seines Pferdes reiten und gegebenenfalls fördern kann. „Je nachdem“ muss darauf geantwortet werden, „aber eher nicht“. Dies liegt daran, dass sich alle Gangpferde, auch einer Rasse, ganz erheblich voneinander unterscheiden, was die Trennung von Grund- und Spezialgangarten, die Gewichtung und individuelle Veranlagung der Gangarten angeht. Nicht eine, sondern gleich zwei Fragen muss der Reiter bezüglich des einzelnen Pferdes mit einem klaren „Ja!“ beantworten können: „Kann ich die Spezialgangart alleine mit den Mitteln des Signalreitens sauber herausreiten?“ und „Lässt sich mein Pferd nur mit den Mitteln des Signalreitens so gymnastizieren, dass es in allen Gangarten sauber und taktklar geritten werden kann?“.

Nur lockere Pferde sind taktklar gehende Pferde, übrigens nicht nur bezüglich der Spezialgänge, sondern auch der Grundgangarten. Manche Individuen neigen veranlagungsbedingt zu Verspannungen und bedürfen ständiger, sorgfältiger Gymnastik, um trotzdem mit aktiver Hinterhand und schwingendem Rücken geritten werden zu können. Tölter, die immer wieder im Takt korrigiert werden müssen oder die einer höheren Spannung bedürfen, müssen mit einer Kombina-

Manche Gangpferde können, wie dieser Töltende Traber, ohne ständige Zügelkorrektur geritten werden.

Halten wir fest:

Die sorgfältige Grundausbildung verlangt zwingend die Einbeziehung der Übungen zum Stillstand und zum Rückwärtsrichten. Ob ein Gangpferd mit den Mitteln des Signalreitens geritten werden kann, hängt von seiner individuellen Veranlagung ab.

tion von treibenden und verhaltenden Hilfen geritten werden, die den Grundregeln des Signalreitens widerspricht.

Während manche Naturtölter – vereinfacht gesagt Pferde, die bei der Beschleunigung aus dem Schritt automatisch in einen leichten, taktklaren und locker zu reitenden Tölt fallen – durchaus mit den Mitteln des Signalreitens alleine geritten werden können, gilt dies nie für den Rennpass.

Diese Gangart verlangt zwingend eine Hilfengebung, die über die Möglichkeiten des Signalreitens hinaus geht.

9

Reiten, alltagstauglich

Alle grundlegenden, für das fachgerechte Training von Reiter und Pferd bekannten Regeln gelten reitweisenübergreifend, also auch für das Signalreiten. Die wichtigsten sollen deshalb hier nur in kurzer Form angesprochen werden:

- Bei der täglichen Arbeit achtet der Reiter darauf, seine Trainingseinheit in die drei Phasen *Dehnungs-* oder *Aufwärmphase, Arbeits-* oder *Leistungsphase* und *Entspannungsphase* einzuteilen.
- Bei der langfristigen Gestaltung des Pferdetrainings wird ein kontinuierlicher Aufbau von *Kraft, Kondition* und *Geschmeidigkeit* angestrebt; alle drei Faktoren sind dabei gleich stark zu beachten.
- Häufige, am besten *tägliche, kurze Trainingseinheiten* sind effektiver in der Wirkung und belasten das Pferd weniger als seltene lange.
- Der Reiter *konzentriert sich selbstkritisch auf bestehende Defizite* und bemüht sich, diese abzubauen, anstatt sich an Teilbereichen oder Lektionen zu üben, die das Pferd und er bereits beherrschen.
- Von entscheidender Wichtigkeit ist schließlich die *abwechslungsreiche Gestaltung des Trainings*, wobei die verschiedenen Arbeitsmethoden – wie etwa Arbeit unter dem Sattel, an Longe oder Doppellonge und als Handpferd – einander ergänzen und die Möglichkeiten der Ausbildung sinnvoll erweitern sollen.

In einigen Aspekten setzt das Signalreiten allerdings besondere Akzente; drei dieser Aspekte sollen kurz näher beleuchtet werden.

Immer an der Wand lang

Ob bei der Grundausbildung des Pferdes, der Umschulung oder Korrektur älterer Reitpferde oder bei der Unterrichtung von Reitanfängern, Signal-

Die aus dem Gangpferdesport bekannten Ovalbahnen eignen sich hervorragend fürs Signalreiten.

reiten kann nur funktionieren, wenn es allen Beteiligten ein Gefühl von Sicherheit vermittelt. Der Reiter muss lernen, dass diese Sicherheit nicht zwingend aus der dauernden, umfassenden Kontrolle seines Reitpferdes resultiert, das Pferd wiederum muss sich auch ohne beständige Anlehnung an seinem Reiter orientieren, auf seinen Reiter verlassen. Vor allem in der Anfangsphase der Ausbildung – von Reiter oder Pferd – greift man in der Praxis zu einem bewährten Hilfsmittel, um dieses subjektive Gefühl der Sicherheit möglichst umfassend zu gewährleisten: Trainiert wird deshalb in einer Bahn, die in ihrer Gestaltung das Bedürfnis nach einem sicheren Gefühl beim Reiten wie auch beim Gerittenwerden berücksichtigt. Eine stabile, auch optisch sicher und fest wirkende äußere Bande bietet dem noch unsicheren Pferd eine willkommene Anlehnungsmöglichkeit, die es gerne annehmen wird. Besonders günstig sind massive, mindestens widerristhohe, besser noch überkopfhohe Holzzäune, die auch die Konzentration des Pferdes auf das Geschehen innerhalb der Bahn richten und Ablenkungen fernhalten. Ein zusätzlicher zweiter Zaun innen etwa auf Höhe des dritten Hufschlags kann fest installiert oder improvisiert werden. Holzpfähle, die ein umlaufendes dickes Tau tragen, Strohballen mit aufgelegten Hindernisstangen, Hindernisständer mit Stangen oder andere optisch gut wahrnehmbare innere Begrenzungen lassen das Pferd in einer klar umgrenzten Bahn laufen und verhindern, dass es abkürzt, nach innen drängt oder die Richtung wechselt.

Bei der Gestaltung der inneren Begrenzung ist darauf zu achten, dass die Verletzungsgefahr für Reiter und Pferd gering gehalten wird. Es ist nicht auszuschließen, dass ein Reiter mit dem inneren Fuß in eine solche Begrenzung einfädelt. Gibt diese dann nach – etwa bei aufgelegten Hindernisstangen – kommen Reiter und Pferd mit einer kurzen Schrecksekunde davon. Ist die Höhe und Gestaltung so bemessen, dass der seitlich am Rumpf des Pferdes anliegende innere Fuß nicht einfädeln kann, um so besser. Improvisierte innere Begrenzungen aus Steckpfählen und E-Band, wie sie für die Einzäunung von Weiden verwendet werden, sind dagegen sehr gefährlich.

Einmal verhängt, wird der Reiter Pfähle und Band mit sich ziehen, sein Pferd unweigerlich in Panik geraten. Verwickelt es sich mit den Beinen im Band oder kommt der Reiter auf einen womöglich zerbrochenen Pfahl zum Sturz, sind schwerste Verletzungen zu befürchten.

Besonders vorteilhaft für die Belange des Signalreitens sind Reitbahnen ohne Ecken, also runde oder ovale Bahnen. Round Pens, wie wir sie vom Westernreiten kennen und wie sie bei der Grundausbildung von Gangpferden eingesetzt werden, sind auch für das Signalreiten ideal. Ecken wirken optisch bremsend auf das noch unsichere Pferd und hemmen immer wieder den Bewegungsfluss, während ein Rund einladend wirkt und das Reiten in gleichmäßiger, ruhiger Geschwindigkeit unterstützt. Auch verfügen Round Pens über die geforderte stabile und optisch Anlehnung bietende äußere Umzäunung.

Ovalbahnen im Gangpferdebereich sind oft so konzipiert, dass an einem Ende eine Verbindung zwischen den zwei Längsseiten mit dem Ende einen Zirkel bildet. Kann die jeweilige Verlängerung der Längsseiten mit wenigen Handgriffen – etwa durch eine Stange – abgetrennt werden, entsteht ein rundoval angelegter Zirkel mit stabiler Außenbande.

Die meisten Ovalbahnen verfügen über eine zusätzliche innere Begrenzung, so dass sich ohne großen Aufwand eine optimale Übungsbahn für das Signalreiten herstellen lässt.

Ein Gefühl von Sicherheit wird dem jungen Reiter, dem jungen Pferd auch durch das Handpferdreiten vermittelt. Dabei nimmt ein erfahrener, mit einem besonders zuverlässigen Pferd berittener Reiter das junge Pferd oder den auf einem gut ausgebildeten Schulpferd sitzenden Reitanfänger an der Hand

Isländer und Englisches Vollblut – beim Handpferdereiten mit gut ausgebildetem Führpferd kein Problem.

mit ins Gelände. Das Handpferd wird sich am Führpferd orientieren, sich in der Geschwindigkeit anpassen und an der Seite eines erfahrenen älteren Kollegen die Welt mit all ihren Gefahren kennenlernen. Anhand der Reaktionen seines Artgenossen lernt es, diese Welt nicht zu fürchten, und findet schnell Gefallen an der gemeinsamen Arbeit. Auch auf ältere, sauer gerittene Pferde wirkt diese Form der Arbeit wie eine Verjüngungskur, die ihnen Lauflust und Lebensfreude zurückgibt. Insbesondere im Rücken feste Pferde finden zur Geschmeidigkeit zurück und laufen sich frei. Der Reitanfänger wiederum kann auf diese Weise bald die Enge der Reitbahn verlassen und sich mit seinem Pferd auf sichere Weise dort bewegen, wo es beiden am besten gefällt: in der Freiheit des Geländes.

Achtung, aufgepasst!

Bei der klassischen Ausbildung hält der Reiter sein Pferd beständig an den Hilfen von Kreuz, Schenkel und Hand. Das Pferd wird in jeder Bewegung kontrolliert, es wird zum ausführenden

Kurze Zügelimpulse richten die Aufmerksamkeit des Pferdes – siehe Ohr – immer wieder auf den Reiter.

Organ der reiterlichen Absichten. Das Signalreiten dagegen zielt darauf ab, eine solche Abhängigkeit zu vermeiden. Trotzdem sollte zwischen beiden Partnern ein stetes Band gegenseitiger Aufmerksamkeit erhalten werden. Dafür gibt es mindestens zwei gute Gründe.

Insbesondere beim Reiten im Gelände kommt es immer wieder zu Situationen, die potenzielle Gefahren in sich bergen. Von hinten lärmt ein Traktor urplötzlich heran, aus dem Gebüsch neben dem Weg steigt mit empörten Geschrei ein Fasan auf, durchs Dickicht bricht eine Rotte Wildschweine, hinter dem Hoftor randaliert unsichtbar ein großer Hund. Wehe dem Reiter, dessen Pferd eben noch verschlafen am langen Zügel vor sich hin trottete. Mit einem Satz springt es zur Seite, der Reiter verliert den Sitz und vielleicht sogar den Zügel und schon ist das Malheur da. Lenkt der Reiter dagegen die Aufmerksamkeit des Pferdes auf sich, hat er es in jedem Fall schneller an den Hilfen.

Und noch ein sehr gewichtiger Grund: Viele Pferde, mit Ausnahme weniger von der Natur besonders begünstigter Individuen, geraten beim bloßen Dahinreiten früher oder später

Die Westernreiter machen es uns vor: Pferde lassen sich zum Mitdenken durchaus auch erziehen

auf die Vorhand, verlieren an Aufrichtung. Der Reiter ist also gefordert, sein Augenmerk immer auch auf die Aktivität der Hinterhand seines Pferdes zu lenken und es durch geeignete Mittel zu korrigieren, sobald diese nachlässig wird, nicht genügend untertritt oder schlurft.

Kurze Zügelimpulse alleine reichen nur bei großer Lauffreude aus, das Pferd wieder vermehrt aufzurichten, wenig unter den Schwerpunkt tretende Pferde müssen zusätzlich immer wieder durch treibende Hilfen aufgefordert werden, mit aktiver Hinterhand zu gehen.

Ob geistige oder körperliche Aktivität: Kurze, in der Intensität möglichst begrenzte Stimmhilfen, Zügelimpulse und treibende Schenkelhilfen werden immer notwendig sein, damit Reiter und Pferd sich sicher und geschmeidig im Gelände bewegen können. Die geforderte Passivität des Reiter in den kontaktfreien Phasen des Reitens darf also nicht so weit gehen, dass er nur noch eingreift, wenn ein Tempo- oder Richtungswechsel ansteht.

Hilfe zur Selbsthilfe

Zu diesen beiden Besonderheiten tritt nun eine dritte, die Einstellung des Reiters betreffende: Der Grundsatz anderer Reitweisen, das Pferd beständig an den Hilfen zu halten und es in jeder Phase, in jeder Situation hundertprozentig kontrolliert zu reiten, erstreckt sich nicht allein auf Dressurlektionen - wo dies ja durchaus Sinn macht - sondern auch auf andere Situationen. Das Pferd lernt so eigentlich nie, sich selbst zu helfen, es wird zum bloßen ausführenden Organ des Reiters und das kann sich für beide Seiten negativ auswirken. Die Intelligenz des Pferdes lässt sich, wie die anderer Lebewesen auch, zum großen Teil auch trainieren. Anders gesagt: Bringt der Reiter seinem Pferd bei, dass es in jeder Situation ausschließlich auf seine Hilfen zu hören hat, verdummt er es auch. Lehrt er es dagegen, mitdenkend seinen Weg etwa durch und über kniffelige Geländestrukturen zu finden, hat er bald einen pfiffigen Partner.

Zum Signalreiten gehört also auch zwingend eine eigene Einstellung des Reiters, der weiß: Mein Pferd ist schlau genug, sich auch selbst zu helfen.

Aller Anfang ist leicht

Durch geschickte Gestaltung einer Trainingseinheit ist es möglich, dem jungen Pferd die Bedeutung der Hilfen klarer zu machen und Missverständnisse von Anfang an zu vermeiden.

Wer etwa an einem kalten, windigen Tag zu Beginn eines Ausrittes am Anfang eines endlos langen Grasweges angaloppiert, wird sein junges Pferd vermutlich nur mit Mühe dazu überreden können, nach einer kurzen Strecke wieder durchzuparieren. Der Reiter muss also stets voraus denken, sich immer bemühen, die gemeinsame Arbeit mit den Augen seines Pferdes zu betrachten. Anfangs sollte das junge Pferd in Begleitung eines besonders zuverlässigen, ausgebildeten Kollegen ins Gelände gehen. Es wird automatisch Anlehnung suchen, sich in Tempo und Richtung nach seinem Artgenossen richten und so die Bedeutung der Reiterhilfen schneller verstehen.

Auf keinen Fall sollte das junge Pferd durch sehr lange Schrittphasen am Beginn einer Trainingseinheit müde gemacht werden, es wird so seine natürliche Freude an der Bewegung bald einbüßen. Eine kurze Schrittphase zum Aufwärmen, ein frischer Galopp, möglichst bergan – da fällt das kontrollierte Durchparieren leichter – und erst dann der gemütliche Jog, so oder so ähnlich sieht eine geeignete Trainingseinheit für junge Pferde aus.

Es sollte stets vermieden werden

- bestimmte Wege immer zu galoppieren, vielmehr darf im Pferdehirn keine Verbindung zwischen Ort und Gangart entstehen;
- beim Abbiegen auf einen neuen Weg sofort anzugaloppieren, sondern es sollte erst eine stets wechselnd lange Strecke die Gangart beibehalten werden;
- auf dem Heimweg in Sichtweite des Stalles noch zu galoppieren; das Pferd sollte so rechtzeitig vor Ende

Junge Pferde und junge Reiter sollen Freude an der Bewegung entwickeln und sich trotzdem sicher fühlen dürfen.

des Rittes Schritt geritten werden, das es mit annähernd beruhigter Atmung am Stall ankommt;

- das Pferd für Übereifer zu bestrafen; galoppiert es etwa nach einer treibenden Hilfe aus dem Schritt an, obwohl der Reiter eigentlich nur antraben möchte, hat das Pferd grundsätzlich richtig gehandelt und sollte gelobt werden. Der Reiter muss seine Hilfengebung in der Intensität stets auf die individuelle Sensibilität seines Pferdes ausrichten, nicht umgekehrt.

Der Anfang ist gemacht

Reiter und Pferd befinden sich auf einem guten Weg. Man hört aufeinander, arbeitet zusammen, vertraut einander und bringt die eigenen Stärken in die gemeinsame Arbeit ein. Eine stabile Basis, auf die nun aufgebaut werden kann.

Wohin soll der Weg gehen? Ob Western- oder Gangpferd, Dressurcrack oder Parcourskünstler, Wanderreiter oder Distanzler, Alleskönner oder Spezialist, sie alle wollen gymnastiziert werden. Ob man sich mit den Möglichkeiten des Signalreitens begnügt oder nun einen Schritt weitergeht, hängt auch von der individuellen Veranlagung des Pferdes ab. Der Reiter ist gefordert, genau hinzusehen: Neigt mein Pferd veranlagungsbedingt zu Verspannungen? Bringt sein Einsatz im Sport Belastungen mit sich, die unbedingt durch intensive Dressurarbeit ausgeglichen werden müssen? Ist sein Gebäude, sein Gangwerk so beschaffen, dass es sich auch ohne ständige Korrektur mit Aufrichtung und aktiver Hinterhand elastisch bewegt?

Von diesen und anderen Faktoren hängt ab, mit welchen Mitteln und mit welcher Intensität mein Pferd dressurmäßig gearbeitet werden möchte.

Allerdings: Es gibt kein einziges Pferd, bei dem der Reiter auf eine sorgfältige Gymnastizierung gänzlich verzichten kann! Dressur, die gymnastizierende Arbeit mit dem Pferd, ist immer eine der Grundlagen guten Reiters.

Harmonie basiert auf gegenseitigem Vertrauen und lässt sich ohne eine grundsolide Ausbildung von Reiter und Pferd nicht herstellen.

Die Einsicht, dass ein Pferd durch bloßes Geradeausreiten unweigerlich körperlich zugrunde gerichtet wird, und die Erkenntnis, dass es darum immer auch dressurmäßig gearbeitet werden muss, gearbeitet werden möchte, sollte den Reiter nicht veranlassen, nun die Prinzipien des Signalreitens zu verwerfen. Vielmehr lassen sich die kennzeichnenden Elemente sinnvoll in

jede weiterführende Arbeit einbauen. Verzichtet der Reiter auch weiterhin darauf, sein Pferd mittels rückwärts wirkender Hand aufrichten zu wollen, stumpft er es nicht durch ein nervtötendes Trommelfeuer an Hilfen ab und gesteht er ihm die Fähigkeit zu, selbständig einen Huf vor den anderen setzen zu können, wirkt sich dies positiv auf jede Form gemeinsamer Arbeit aus. Reiter und Pferd in Harmonie – ein Ziel, das sich dem mit der Brechstange agierenden Reiter immer verschließen wird.

Viele Wege bringen Reiter und Pferd dem Ideal von müheloser Übereinstimmung, von harmonischem Miteinander näher. Wer von Anfang an lernt, sich mit seinem Partner durch leise Worte zu verständigen, ist auf dem richtigen Weg.